Sammlung

Aufserdeutscher Strafgesetzbücher

in Deutscher Uebersetzung.

Herausgegeben von der Redaktion

der

Zeitschrift für die gesamte Strafrechtswissenschaft.

XVI.

Allgemeines Bürgerliches Strafgesetzbuch für das Königreich Dänemark.

BERLIN 1901.

J. Guttentag, Verlagsbuchhandlung,

G. m. b. H.

Allgemeines
Bürgerliches Strafgesetzbuch
für das Königreich Dänemark

vom 10. Februar 1866

sowie

Gesetz, betreffend
die Behandlung einiger im allgemeinen bürgerlichen Strafgesetzbuch behandelter Verbrechen

und

Gesetz über
Gewalt gegen schuldlose Personen
vom 11. Mai 1897.

Übersetzt von

Dr. jur. Hans Bittl,
Rechtspraktikant in Neustadt i. Schw.

BERLIN 1901.
J. Guttentag, Verlagsbuchhandlung,
G. m. b. H.

Inhalt.

1. Kapitel.

Einleitende Bestimmungen.

§ 1. Niemand kann nach diesem Gesetz bestraft werden, aufser, wenn er sich einer Handlung schuldig gemacht hat, welche unter eine der im Gesetz enthaltenen Strafbestimmungen fällt, oder welche ganz einer im Gesetz als strafbar bezeichneten Handlung zur Seite gestellt werden mufs.

§ 2. Dieses Gesetz findet Anwendung auf alle innerhalb des Königreichs begangene strafbare Handlungen ohne Rücksicht auf die Staatsangehörigkeit des Thäters.

§ 3. Strafbare Handlungen, welche an Bord von Schiffen begangen werden, die im Königreich beheimatet sind, sind ebenfalls nach vorliegendem Gesez zu bestrafen, sofern das Schiff sich nicht auf einem Seegebiet befindet, welches einer andern Strafgesetzgebung untersteht.

§ 4. Wenn ein dänischer Unterthan, um ein im Inland geltendes Verbotsgesetz zu umgehen, die vom Gesetz unter Strafe gestellte Handlung im Ausland begeht, soll er ebenso behandelt werden, wie wenn er sie im Inland begangen hätte.

§ 5. Eine Übertretung der Strafgesetze des Königreichs liegt auch dann vor, wenn ein dänischer Unterthan im Ausland sich durch Verrat oder durch ein Majestätsverbrechen gegen den dänischen Staat vergeht, dänisches Geld nachmacht oder verfälscht oder einen dänischen Beamten im Ausland in dieser seiner Stellung beleidigt oder auf andere Weise gegen das Treue- und Gehorsamsverhältnis eines Unterthanen verstöfst. Dasselbe ist der Fall, wenn ein im Königreich angestellter Beamter aufserhalb des Königreichs ein Amtsverbrechen begeht, ferner wenn ein dänischer Unterthan durch Täuschung bei der Ausführung eines Auftrages, mit dem er betraut ist, oder auf eine andere nach den Gesetzen des Königreichs strafbare Weise während seines Aufenthaltes im Ausland einer gegen eine im Königreich sich aufhaltende Person übernommenen Verpflichtung zuwiderhandelt.

§ 6. Im übrigen soll das Justizministerium, wenn ein dänischer Unterthan in einem fremden Staat eine strafbare Handlung begangen hat, befugt sein, hier das Strafverfahren gegen ihn einzuleiten, und der Schuldige ist dann nach diesem Gesetz abzuurteilen.

§ 7. Wenn jemand hier wegen einer strafbaren Handlung angeklagt wird, und es nachgewiesen wird, daſs er wegen derselben Handlung im fremden Staat bestraft worden ist, so werden die Gerichte Rücksicht auf die im Auslande verbüſste Strafe zu nehmen haben, und sie sind nach den Umständen berechtigt, die Strafe unter das im Gesetz bestimmte Maſs herabzusetzen, oder dieselbe sogar ganz zu erlassen.

§ 8. Hinsichtlich der Gesandtschaften fremder Mächte, fremder Kriegsschiffe und Truppenabteilungen sowie der von fremden, hier angestellten Beamten begangenen Amtsverbrechen finden die allgemeinen Regeln des Völkerrechts Anwendung.

2. Kapitel.

Strafen.

§ 9. Die Strafen, welche nach diesem Gesetz verhängt werden können, sind: Todesstrafe, Strafarbeit, Gefängnis, Buſsen, Verlust von Amt oder Stellung[1]), Verlust des Wahlrechts, sowie für Personen männlichen Geschlechts zwischen 15 und 18 Jahren Prügelstrafe, und für Kinder Züchtigung mit Ruten.

§ 10. Die Todesstrafe wird öffentlich mit dem Beil vollzogen und hierauf die Leiche in Stille beerdigt. Sollen mehrere mit dem Tode bestraft werden, so soll keiner der Hinrichtung des andern beiwohnen.[2])

§ 11. Strafarbeit ist entweder Zuchthausarbeit oder Besserungshausarbeit. Auf Zuchthausarbeit wird entweder lebenslänglich oder für einzelne Jahre, nicht unter 2 und nicht über 16, erkannt; die Besserungshausarbeit ist nur eine zeitige, das Mindestmaſs beträgt 8 Monate, das höchste 6 Jahre (vgl. §§ 63 und 64: Konkurrenz). Beide Arten gelten, vorausgesetzt, daſs sie für dieselbe Dauer erkannt sind, als gleichschwer.

§ 12. In den Fällen, in denen die Strafe für ein Delikt in einem gewissen Verhältnis herabgesetzt werden soll, ist Todesstrafe 24jähriger Strafarbeit, lebenslängliche Strafarbeit 18jähriger Strafarbeit gleichzusetzen.

§ 13. Strafarbeit wird in den dazu errichteten Anstalten in Übereinstimmung mit den hierüber erlassenen Vorschriften verbüſst.

In der Regel haben die zu Besserungshausarbeit Verurteilten in Einzelzellen zu arbeiten, in denen sie sich Tag und Nacht aufzu-

---

[1]) Embede, Bestilling. Die Beamten der ersten Kategorie werden vom König ernannt und haben Pensionsberechtigung, während die der letzteren nur vom Ministerium ernannt werden und keine Pensionsberechtigung haben.

[2]) Die Todesstrafe wird nur mit dem Hand-, nie mit dem Fallbeil vollzogen. Der Vollzug ist nur zulässig auf Grund eines Urteils des höchsten Gerichtshofes (Höjsteret) und nachdem dasselbe dem König im Staatsrat vorgelegt worden ist. Die Nichtbeachtung dieser Bestimmung würde nach § 130 des St. G. B. Strafe nach sich ziehen (Verlust des Amtes, Gefängnis nicht unter 3 Monaten, unter erschwerenden Umständen Besserungshausarbeit).

halten haben. Hierbei wird die Strafdauer derartig verkürzt, dafs Jemand, der zu 8 Monaten Strafarbeit verurteilt ist, nur 6 Monate und der zu Strafarbeit von längerer Dauer verurteilt ist, nur $^2/_3$ der erkannten Dauer für die ersten 3 Jahre und die Hälfte für die folgende Zeit zu verbüfsen hat.

Doch soll die Anstaltsverwaltung mit Genehmigung des Justizministeriums zu bestimmen befugt sein, dafs der Verurteilte seine Strafe ganz oder teilweise durch Arbeit auf gemeinschaftlichen Arbeitsstuben ohne Verkürzung der Strafdauer zu verbüfsen habe, wenn die Verbüfsung derselben in Einzelzellen aus besonderen Gründen für den Verurteilten schädlich oder sonst unzweckmäfsig erscheint. Wenn der Verurteilte nur einen Teil der Strafdauer in einer Einzelzelle zubringt, so tritt die Verkürzung der Strafdauer nur für die Zeit ein, welche er ununterbrochen 60 Tage oder darüber in einer Einzelzelle eingesperrt war. Sie wird besonders für jeden zusammenhängenden Zeitraum, in welchem dies der Fall war, nach obigen Regeln berechnet.

Diejenige Zeit, welche jemand als Disziplinarstrafe für Vergehen, die er in der Anstalt sich hat zu Schulden kommen lassen, in Einzelzellen zugebracht hat, kann niemals eine Herabsetzung der Strafdauer bewirken.

§ 14. Läfst das Gesetz die Wahl zwischen Zuchthaus- und Besserungshausarbeit, so ist auf die letztere zu erkennen, wenn nach dem Alter des Verurteilten, seinem Vorleben und der Beschaffenheit der von ihm verübten strafbaren Handlung anzunehmen ist, dafs die Einsamkeit und Absonderung von anderen Strafgefangenen einen guten Einflufs auf ihn haben werde. Zur Zuchthausstrafe sind dagegen ältere oder verstocktere und namentlich solche Delinquenten zu verurteilen, welche schon früher diese Strafe erlitten haben oder mit mehrjähriger oder wiederholter Besserungshausarbeit bestraft sind.

§ 15. Soll jemand ohne Unterbrechung mehrere durch verschiedene Urteile gegen ihn erkannte Besserungshausarbeitsstrafen verbüfsen, so sind die verschiedenen Strafen, was die Verkürzung der Strafdauer bei Verbüfsung in Einzelzellen anbelangt, als eine einzige anzusehen. Länger als $3^1/_2$ Jahre soll regelmäfsig niemand in Einzelzellen zubringen, weshalb der Rest der gesamten Strafdauer, welcher 6 Jahre übersteigt, ohne Verkürzung durch Arbeit auf gemeinsamen Arbeitsstuben zu verbüfsen ist. Immerhin kann die Anstaltsverwaltung mit Genehmigung des Justizministeriums, wenn der Betreffende es wünscht und durch ärztliches Zeugnis nachgewiesen wird, dafs ein Schaden für seine Gesundheit nicht zu besorgen ist, zugeben, dafs auch der übrige Teil der Strafe in einer Einzelzelle verbüfst und die Strafdauer um die Hälfte verkürzt wird.

§ 16. Wird ein Ausländer, welcher sich nicht die letzten 5 Jahre ununterbrochen im dänischen Staate aufgehalten hat, zu Strafarbeit verurteilt, so soll im Urteil des weiteren bestimmt werden, dafs er nach Verbüfsung der Strafe über die Grenze zu bringen ist. Dasselbe soll je nach den Umständen und namentlich auch nach der Beschaffenheit der von ihm begangenen strafbaren Handlung auch dann bestimmt werden können, wenn der Betreffende nur zu Gefängnisstrafe bei Wasser und Brot verurteilt werden kann und er schon aufserhalb des Königreichs wegen Begehung strafbarer Handlungen bestraft worden ist.

Ausländer, welche, wenn sie durch Urteil des Landes verwiesen sind, ohne Erlaubnis zurückkehren, werden mit Gefängnis oder Besserungshausarbeit bis zu 1 Jahr bestraft, und sind nach verbüfster Strafe wieder auszuweisen. Bei der Ausweisung sind sie zu Protokoll vor den Folgen ihrer rechtswidrigen Rückkehr zu verwarnen.

§ 17. Von Gefängnisstrafen kommen zur Anwendung:

Einfaches Gefängnis,
Gefängnis bei gewöhnlicher Gefängniskost,
Gefängnis bei Wasser und Brot,
Staatsgefängnis.

Alle Gefängnisstrafen werden in öffentlichen Gefängnissen in Übereinstimmung mit den Vorschriften über das Arrestwesen verbüfst.

§ 18. Einfaches Gefängnis wird nicht auf kürzere Zeit als 2 Tage und nicht auf längere als 2 Jahre erkannt (vgl. § 63 Konkurrenz). Der Gefangene ist hierbei nicht auf gewöhnliche Gefängniskost beschränkt.

§ 19. Gefängnis bei gewöhnlicher Gefängniskost wird nicht unter 2 Tagen und nicht über 6 Monate verhängt. Hierbei ist der Gefangene auf die Kost angewiesen, welche er vorschriftsmäfsig erhält.

§ 20. Auf Gefängnis bei Wasser und Brot wird nicht unter 2 Tagen und nicht über 30 Tage erkannt. Der Gefangene darf nichts andres geniefsen als Wasser und Brot und dazu noch Salz. Genufs von Rauchtabak wird nicht gestattet.

§ 21. Personen unter 18 Jahren dürfen nicht zu Gefängnis bei Wasser und Brot verurteilt werden, sondern erhalten hierfür, soweit sie unter 15 Jahren sind, einfaches Gefängnis nicht über 60 Tage oder Rutenschläge; soweit sie zwischen 15 und 18 Jahren sind, entweder Gefängnis bei gewöhnlicher Gefängniskost für die doppelte Zeit oder Prügelstrafe.

§ 22. Ist jemand zu 5 oder weniger Tagen Gefängnis bei Wasser und Brot verurteilt, so wird die Strafe ohne Unterbrechung vollzogen. Ist die erkannte Dauer aber zwei- oder noch mehr mal 5 Tage, so wird ein Zwischenraum von 2 Tagen nach dem 5. und 10., ein solcher von 3 Tagen nach dem 15. und 20. und nach dem 25. ein solcher von 4 Tagen gewährt. Beträgt die Strafdauer 6 Tage, so wird der Strafvollzug nach 3 Tagen 1 Tag unterbrochen; beträgt sie 7, 8 oder 12 Tage, so erhält der Verurteilte nach 4 Tagen den 5. frei. Die Zwischenräume können jedoch auf Wunsch des Verurteilten und wenn der Arzt erklärt, dafs seine Gesundheit dadurch keiner Gefahr ausgesetzt wird, abgekürzt werden, oder wo die Strafdauer 8 Tage nicht übersteigt, ganz wegfallen. Anderseits können sie, wenn die Strafdauer 3 oder noch mehr mal 5 Tage beträgt, auf Wunsch des Verurteilten, im Einverständnis mit dem Arzt, bis auf 5 Tage verlängert werden.

An den Tagen, an welchen der Strafvollzug unterbrochen wird, wird der Verurteilte in Haft[1]) gehalten, es müfste denn sein, dafs Sicherheit dafür vorhanden ist, dafs er sich dem weitern Vollzug nicht entzieht; in diesem Fall wird er auf freien Fufs gesetzt.

§ 23. An Personen, welche bei Beginn des Strafvollzugs über 60 Jahre alt sind, ist an Stelle der Gefängnisstrafe bei Wasser und Brot diejenige bei gewöhnlicher Gefängniskost, aber für die 4fache Dauer zu vollziehen. Ziehen sie es aber selbst vor, sich der gegen sie erkannten Gefängnisstrafe bei Wasser und Brot zu unterziehen, so soll dieses ihnen erlaubt sein, wenn der Arzt erklärt, dafs ihre Gesundheit dadurch keiner Gefahr ausgesetzt wird. Auch in andern Fällen, in denen jemand nach seiner individuellen Körperbeschaffenheit die Gefängnisstrafe bei Wasser und Brot entweder überhaupt nicht oder nur kürzere Zeit aushalten kann, ist die Strafe in Gefängnis bei gewöhnlicher Gefängniskost für die 4fache Zeit umzuwandeln. Dasselbe hat einzutreten bei Frauenspersonen, welche schwanger sind oder säugen; diese erhalten jedoch als Zulage zu der gewöhnlichen Verpflegung die Hälfte dieser mehr, sowohl an Brot als an Geld.

§ 24. Soll jemand infolge mehrerer gegen ihn ergangener Urteile Gefängnis bei Wasser und Brot für länger als 30 Tage verbüfsen, so ist an ihm für die übrige Zeit Gefängnis bei gewöhnlicher Gefängniskost nach dem im § 25 bestimmten Verhältnis zu vollziehen.

Wenn jemand, der im Gefängnis bei Wasser und Brot gesessen hat, gleich darauf infolge eines neuen gegen ihn ergangenen Urteils dieselbe Strafe erleiden soll, so soll vorher eine ärztliche Erklärung darüber eingeholt werden, ob die Strafe gleich oder erst nach einem gewissen Zwischenraum an ihm vollzogen werden kann. Erklärt der Arzt, dafs er erst nach längerer Zeit wieder Gefängnis bei Wasser und Brot ertragen kann, so ist die Strafe in Gefängnis bei gewöhnlicher Gefängniskost umzuwandeln.

§ 25. Wird in diesem Gesetz Gefängnisstrafe ohne nähere Bezeichnung angedroht, so hat der Richter die Wahl zwischen den in den §§ 18—24 behandelten Arten dieser Strafe. Ist eine Bestimmung über die niedrigst zulässige Art hinzugefügt, nach welcher auf einfaches Gefängnis erkannt werden kann, so gilt eine entsprechende Begrenzung auch bezüglich der andern Arten dieser Strafe.

---

[1]) Varetägtsfängsel: Blofse Freiheitsberaubung durch Einsperrung in eine Einzelzelle ohne Verkehr mit andern, bei gewöhnlicher Gefangenenkost nach dem Arresthausreglement. Es ist dies also keine Strafe, sondern blofse Freiheitsentziehung, um sich der betreffenden Person zu versichern, gewöhnlich bis das Urteil erlassen und die Strafe danach vollzogen wird.

1 Tag Gefängnis bei Wasser und Brot entsprechen 4 Tage Gefängnis bei gewöhnlicher Gefängniskost und 6 Tage einfaches Gefängnis.

§ 26. Bei der Anwendung von Gefängnisstrafen ist der Tag zu 24 Stunden gerechnet; unter einem Monat wird der Kalendermonat verstanden. Infolgedessen ist darauf zu achten, dafs die Entlassung aus dem Gefängnis zu einer der Einsetzung entsprechenden Zeit erfolgt.

§ 27. Die Staatsgefängnisstrafe ist entweder eine zeitliche, nicht unter 6 Monaten und nicht über 10 Jahren, oder eine lebenslängliche. Diese Strafe wird in besonders dazu eingerichteten Gefängnissen verbüfst.

§ 28. Staatsgefängnis und einfaches Gefängnis von gleicher Dauer entsprechen einander.

1 Monat Strafarbeit entspricht 5 Tagen Gefängnis bei Wasser und Brot.

§ 29. Körperstrafen giebt es 2 Arten: Stockschläge und Rutenschläge. Erstere werden mit einem spanischen Rohr von $1^1/_2$ Zoll Umfang und bis $1^1/_2$ Ellen Länge an Personen männlichen Geschlechts zwischen 15 und 18 Jahren vollzogen, soweit sie nach Erklärung des Arztes eine solche Strafe ertragen können. Die Zahl der Schläge, welche nicht unter 10 und nicht über 25 sein darf, wird im Urteil festgesetzt.

Rutenschläge werden unter Aufsicht des Bürgermeisters[1]) Buben zwischen 10 und 15 Jahren und Mädchen zwischen 10 und 12 Jahren erteilt. Die Anzahl der Schläge, welche ebenfalls im Urteil zu bestimmen ist, darf nicht unter 10 und nicht über 25 betragen.

Für besonders bösartige Kinder können zweimal 25 Rutenschläge, auf 2 Tage verteilt, festgesetzt werden.

Auf Strafgefangene finden die körperlichen Strafen Anwendung, welche in den die Strafanstalten betreffenden Gesetzen bestimmt sind.

§ 30. Bufsen werden im Betrage von 1—2000 Rigsdaler (R. D.) (= 2 Kronen) verhängt und fallen der Staatskasse zu.

Sind mehrere einer strafbaren Handlung schuldig, für welche eine Bufse in Anwendung kommen soll, so wird jeder einzelne zu derselben verurteilt. Für den Fall, dafs eine Person, welche nach diesem Gesetz zu einer Bufse verurteilt worden ist, dieselbe nicht binnen der vorgeschriebenen Frist zahlt, tritt an ihre Stelle eine nach den persönlichen Verhältnissen des Verurteilten und den sonstigen Umständen im Urteil bestimmte einfache Gefängnisstrafe, doch nicht über 30 Tage Gefängnis für je 100 R.-D.

Wenn der Verurteilte beim Bürgermaister einen diesbezüglichen Wunsch anbringt und es seiner Gesundheit nicht schädlich ist, so

---

[1]) Foged, = kriminelle Foged. In Kopenhagen der Polizeidirektor; auf dem Lande der „Herredsfoged" = Polizeivorstand; in den Landstädten der „Byfoged" = Polizeivorstand = Politimester.

kann die einfache Gefängnisstrafe in Gefängnis bei Wasser und Brot von entsprechender Dauer umgewandelt werden.

Wurde jedoch diese subsidiäre Gefängnisstrafe für kürzer als 12 Tage erkannt, so kann sie nicht mit Gefängnis bei Wasser und Brot umgetauscht werden. Ist auf einfaches Gefängnis von mehr als 12tägiger Dauer erkannt und zwar so, dafs die Zahl 6 nicht darin aufgeht, so fällt der Rest weg, soweit er weniger als 3 Tage beträgt; beträgt er mehr, so wird er 1 Tag Gefängnis bei Wasser und Brot gleichgesetzt.

§ 31. Die Reihenfolge, in welcher die gewöhnlichen Strafen aufeinanderfolgen, ist:

Todesstrafe, Strafarbeit, Gefängnis bei Wasser und Brot, Gefängnis bei gewöhnlicher Gefängniskost, einfaches Gefängnis, Bufsen[1]).

§ 32. Wo die im Gesetz vorgeschriebene Erhöhung oder Erniedrigung der Strafe nicht innerhalb des für die betr. Strafart festgesetzten Strafrahmens erfolgen kann, ist im ersteren Fall die nächst höhere, im letzteren die nächst niedere Strafart anzuwenden (vgl. § 63 Konkurrenz).

§ 33. Befindet sich derjenige, welcher sich einer strafbaren Handlung schuldig gemacht hat, welche mit Verlust des Amtes oder der Stellung bedroht ist, nicht mehr im Besitze dieses Amtes oder dieser Stellung, in welcher er sich verging, so ist er mit Gefängnis und zwar nicht unter 3 Monaten einfachem Gefängnis oder mit Besserungshausarbeit, oder wenn er später ein andres Amt oder eine andre Anstellung erlangt hat, je nach den Umständen mit dem Verlust dieser zu bestrafen.

Soll die im Gesetz bestimmte Strafe des Verlustes des Amtes oder der Anstellung gemindert werden, so ist diese Strafart den Gefängnisstrafen gleichzuachten; diese darf aber nicht unter 3 Monate einfaches Gefängnis oder Besserungshausarbeit herabgehen.

§ 34. Gegenstände, welche durch eine strafbare Handlung hervorgebracht oder zu deren Ausführung bestimmt oder gebraucht sind, können, wenn das öffentliche Interesse es verlangt, durch Urteil konfisziert werden. Ebenso kann im Urteil bestimmt werden, dafs das durch eine strafbare Handlung Erlangte, auf welches niemand einen rechtlichen Anspruch machen kann, eingezogen werden soll.

3. Kapitel.

Zurechnungsfähigkeit, Notwehr und Notstand.

§ 35. Handlungen, welche von Kindern unter 10 Jahren begangen werden, werden nicht bestraft. Jedoch können erforder-

---

[1]) Hier wird das Staatsgefängnis nicht mehr aufgezählt, weil es keine allgemeine Strafart darstellt. Es ist eine besondere Strafart, welche nur auf einen begrenzten Kreis von Delikten oder auf gewisse Klassen von Personen oder auf besondere Verhältnisse Anwendung findet.

lichenfalls vom Staat Besserungs- oder Sicherheitsvorkehrungen gegen solche Kinder in Anwendung gebracht werden.

§ 36. Derjenige, welcher nach Vollendung des 10. aber noch nicht des 15. Lebensjahres eine strafbare Handlung begeht, ist nur zu bestrafen, wenn nach der Beschaffenheit derselben, z. B. wenn sie sich als Tötung, bedeutende Beschädigung an Körper oder Gesundheit, Diebstahl, Raub oder Brandstiftung darstellt, oder wenn nach der geistigen Entwickelung und der Erziehung des Betreffenden angenommen werden mufs, dafs er die Strafbarkeit seiner Handlung eingesehen hat und ihn im Fall, dafs er schon das 18. Lebensjahr vollendet hätte, eine höhere Strafe als Bufsen oder einfaches Gefängnis getroffen haben würde. Die Strafe für Personen im angegebenen Alter darf nicht Besserungshaus bis zu 2 Jahren übersteigen.

Wenn im übrigen nach den Verhältnissen und Umständen angenommen werden kann, dafs das betreffende Kind durch andere Vorkehrungen auf rechte Wege gebracht und gebessert werden kann, so soll das Justizministerium befugt sein, von einer weiteren Verfolgung abzusehen, sofern die niedrigste Strafe, im Fall der Thäter ein Erwachsener wäre, Besserungshaus nicht übersteigen würde.

§ 37. Wird eine strafbare Handlung von einer Person zwischen 15 und 18 Jahren begangen, so ist die im Gesetz angedrohte Strafe je nach den Umständen bis auf die Hälfte zu ermäfsigen. Jedoch kann keinesfalls gegen Personen in dem angegebenen Alter eine höhere Strafe als Strafarbeit bis zu acht Jahren verhängt werden.

§ 38. Straflos sind Handlungen, welche von Personen begangen werden, welche wahnsinnig sind, oder deren Geisteskräfte entweder so mangelhaft entwickelt oder so geschwächt und gestört sind, dafs nicht anzunehmen ist, sie seien sich der Strafbarkeit ihrer Handlung bewufst, oder von Personen, welche zur Zeit der Begehung sich in einem Zustande von Bewufstlosigkeit befanden.

Insoweit aus einem solchen Anlafs Klage erhoben wird, kann im Urteil bestimmt werden, dafs gegen den Betreffenden Sicherheitsmafsregeln zu treffen sind, welche jedoch wieder im Verwaltungswege („ad Övrigshedsveien") aufgehoben werden können, wenn sie nach wiederholtem ärztlichen Gutachten nicht mehr für notwendig erachtet werden.

§ 39. Eine niedrigere Strafe als die im Gesetz angedrohte ist auf Idioten oder andere Personen anzuwenden, die zwar nicht jedes Bewufstseins bar sind, von denen man aber annehmen kann, dafs sie auf Grund besonderer Verhältnisse, welche auf die Willensfreiheit von Einflufs sind, bei Begehung der That nicht die volle Zurechnungsfähigkeit besessen haben, welche bei erwachsenen und geistig gesunden Personen vorausgesetzt werden kann.

§ 40. Handlungen, welche durch Notwehr geboten sind, bleiben straflos, wenn und soweit sie notwendig waren, um einem gegenwärtigen oder drohenden rechtswidrigen Angriff gegen die Person des Thäters oder einen andern, gegen seine Ehre oder sein Gut zu widerstehen oder einen solchen von ihm abzuwehren. Doch soll es nur zur Verteidigung des Lebens, der Gesundheit oder des Wohlergehens erlaubt sein, solche Verteidigungsmittel anzuwenden, durch welche das Leben des Angreifers einer offenbaren Gefahr ausgesetzt wird.

Hat jemand die Grenzen der erlaubten Notwehr überschritten, so kommt es darauf an, ob ihm die That nach Lage des Falles als strafbar zugerechnet werden kann, oder ob dies infolge des durch Schrecken und Bestürzung hervorgerufenen Mangels an Besinnung nicht der Fall sein kann.

Kann ihm die Überschreitung zugerechnet werden, so ist doch die allgemeine im Gesetz für den dem Angreifer zugefügten Schaden angedrohte Strafe nicht unbedingt in Anwendung zu bringen, sondern es kann auf eine niedrigere nach dem Maſs der Überschreitung geminderte Strafe erkannt werden.

§ 41. Derjenige, welcher, um sich oder einen andern aus einer gegenwärtigen Gefahr für Leben oder Gesundheit zu retten, sich fremden Eigentumes bemächtigt oder es beschädigt, soll nicht bestraft werden, wenn ihm keine andern Rettungsmittel zu Gebote standen.

§ 42. Nichtkenntnis des Strafgesetzes, die falsche Ansicht, daſs die durch das Gesetz verbotene Handlung nach den Geboten des Gewissens oder der Religion erlaubt oder sogar befohlen sei, oder daſs umgekehrt eine durch das Gesetz gebotene Handlung aus denselben Gründen unzulässig sei, sowie die Beschaffenheit des Beweggrundes und des Zwecks des Thäters, schlieſsen die Anwendung der Strafe nicht aus.

§ 43. Fahrlässige Handlungen werden nur bestraft, wenn dies im Strafgesetz ausdrücklich bestimmt ist.

4. Kapitel.

Versuch von Verbrechen.

§ 44. Ein Verbrechen ist nicht als vollendet anzusehen, ehe alles eingetreten ist, was nach dem Gesetz hierzu erforderlich ist, selbst wenn der Thäter alles gethan hat, was er zur Ausführung des verbrecherischen Vorsatzes beabsichtigte.

§ 45. Derjenige, welcher eine Handlung vornimmt, deren Zweck es ist, die Vollendung eines Verbrechens zu fördern oder herbeizuführen, wird, wenn das Verbrchen nicht vollendet worden ist, wegen Versuchs bestraft. Die Strafe kommt jedoch in Wegfall, wenn er aus eigenem freien Willen und nicht auf Grund von Hindernissen oder andern zufälligen Umständen seinen verbrecherischen Vorsatz aufgegeben hat, und er auſserdem, insoweit er schon zur Herbeiführung des Verbrechens geeignete Handlungen vorgenommen hatte, dieses verhindert hat, oder insoweit er, wenn er im Glauben war solche Handlungen vorgenommen zu haben, Vorkehrungen getroffen hat, welche er zur Verhinderung des Verbrechens für geeignet hielt. Bilden die vorgenommenen Handlungen selbständige Verbrechen, so tritt die für diese bestimmte Strafe ein.

§ 46. Wenn nicht hinsichtlich einzelner Verbrechen etwas anders bestimmt ist, so ist der Versuch mit einer verhältnismäfsig niedrigeren Strafe zu bestrafen, als die ist, welche der Thäter verschuldet haben würde, wenn das Verbrechen vollendet worden wäre. Bei Festsetzung der Strafe, welche keinesfalls drei Viertel der im Gesetz auf das Verbrechen angedrohten Strafe übersteigen darf, ist besonders darauf zu achten, ob der Versuch sich mehr oder weniger der Vollendung nähert.

5. Kapitel.

Teilnahme an Verbrechen.

§ 47. Wenn 2 oder mehrere an der Ausführung eines Verbrechens teilgenommen haben, so ist ein jeder als Thäter zu bestrafen. Eine verhältnismäfsig niedrigere Strafe, nicht unter der Hälfte des Mindestmafses und nicht über drei Viertel des Höchstmafses der im Gesetz angedrohten Strafe, ist jedoch dann anzuwenden, wenn ein Teilnehmer dem Hauptthäter nur einen weniger wesentlichen Beistand bei der Ausführung seines Verbrechens geleistet hat.

§ 48. Eine ähnliche niedrigere Strafe findet Anwendung auf jeden, der vor der Ausführung mit Rat oder That dem Thäter Beistand zum Verbrechen geleistet hat. Jedoch kann die Strafe eines solchen Beihelfers bis auf ein Drittel des niedrigsten Grades der im Gesetz auf das vom Beihelfer beabsichtigte Verbrechen angedrohten Strafe herabgesetzt werden.

§ 49. Ist das Verbrechen nicht vollendet, so kommen die in §§ 47 und 48 vorgeschriebenen Regeln in Anwendung, und zwar in der Weise, dafs die Strafe im Verhältnis zu der durch den Versuch verschuldeten Strafe bestimmt wird.

§ 50. Wenn jemand, nach schon geleisteter Beihilfe zu einem Verbrechen, aus eigenem Antrieb der Ausführung desselben vorgebeugt hat, entweder dadurch, dafs er den Thäter dazu gebracht hat, dasselbe aufzugeben, oder auf andre Weise, so wird er straflos. War er vergebens bestrebt, das Verbrechen zu verhindern, so kann die Strafe unter die im § 48 vorgeschriebene Grenze herabgesetzt werden.

§ 51. Hat jemand ohne nach dem nächsten § eine höhere Strafe verschuldet zu haben, durch Versprechungen, Aufmunterungen oder andere Vorstellungen versucht, auf die Ausführung eines Verbrechens hinzuwirken, z. B durch Bestärkung in einem schon gefafsten Vorsatz oder durch Abraten von dem Aufgeben desselben, so ist seine Strafe nach den in den §§ 48—50 angegebenen Regeln festzusetzen.

§ 52. Derjenige, welcher durch Versprechungen, Drohungen oder andre Vorstellungen, einen andern zur Begehung eines Verbrechens bestimmt hat, ist, wenn dieses vollendet wird, zu bestrafen, wie wenn er selbst der Thäter wäre, wird das Verbrechen nicht vollendet, so wird er bestraft, wie wenn er sich eines Versuches des Verbrechens schuldig gemacht hätte. Eine verhältnismäfsig mildere Strafe tritt ein, wenn es dem Anstifter nicht gelungen ist, in dem andern den Entschlufs das Verbrechen zu begehen, hervorzurufen.

§ 53. Wenn derjenige, welcher einen andern zur Begehung eines Verbrechens bestimmt hat, denselben zur Aufgabe desselben bewegt, so wird er straflos. Dasselbe gilt, wenn der Anstifter zwar den andern nicht hat bewegen können von der Ausführung abzustehen, aber auf andre Weise das Verbrechen verhindert hat. Hat er das letztere nicht gethan, so wird er wie im § 48 angegeben bestraft, jedoch kann die Strafe herabgesetzt werden, wenn er bestrebt war, dem Verbrechen vorzubeugen.

Derjenige, welcher einem andern zugesagt hat, ein Verbrechen auszuführen, aber noch keine darauf bezügliche Handlung vorgenommen hat, wird nach den Regeln in §§ 49 in Verbindung mit 48 bestraft. Nimmt er seine Zusage zurück, ehe er eine zur Ausführung dienende Handlung vorgenommen hat, wird er straflos, wenn er das Verbrechen verhindert. Andernfalls kann die Strafe herabgesetzt werden oder nach den Umständen auch ganz in Wegfall kommen.

§ 54. Haben zwei oder mehrere zusammen die Ausführung eines Verbrechens durch gemeinsamen Beistand (Komplott) beschlossen, so sind sie, wenn das Verbrechen vollendet oder angefangen worden ist, alle als Thäter zu bestrafen, auch wenn sie nur durch Teilnahme an der Beschlufsfassung zu demselben beigetragen haben. Ist das Verbrechen nicht zur Ausführung gekommen, so wird die Teilnahme an der Beschlufsfassung als Versuch des Verbrechens bestraft.

Haben sämtliche Teilnehmer aus eigenem Antrieb das Komplott aufgelöst, ehe ein Verbrechen begangen worden ist, so sind sie straflos. Tritt ein einzelner Teilnehmer zurück, so wird er ebenfalls straflos, wenn er das Verbrechen verhindert; andernfalls wird er nach der Bestimmung im § 48 bestraft, jedoch kann die Strafe herabgesetzt werden, wenn er bestrebt war, das Verbrechen zu verhindern.

§ 55. Denjenigen, welcher nach der vollständigen Ausführung eines Verbrechens ohne vorhergehende ausdrückliche oder stillschweigende Zusage sich an demselben durch Handlungen schuldig gemacht hat, welche darauf abzielen, dem Thäter die rechtswidrig erlangten Vorteile zu sichern, selbst an diesen teilzunehmen oder auf andre Weise den durch das Verbrechen geschaffenen rechtswidrigen Zustand fortzusetzen, trifft eine Strafe, welche nicht höher als die Hälfte der höchsten und nicht niedriger als ein Viertel der niedrigsten der im Gesetz auf das Verbrechen angedrohten Strafe sein darf.

§ 56. Hat eine mit ihrem Ehemann zusammenlebende Ehefrau sich durch ihr Abhängigkeitsverhältnis zu ihm bewegen lassen, mit ihm an einem Verbrechen teilzunehmen, so kann die gewöhnliche im Gesetz auf die Teilnahme angedrohte Strafe herabgesetzt werden, und wenn anzunehmen ist, dafs sie durch Abschlagen seines Verlangens sich Mifshandlungen ausgesetzt haben oder genötigt worden sein würde, ihn zu verlassen, so kann sie sogar nach den Umständen von jeder Strafe verschont bleiben.

Dasselbe gilt für andre, welche auf Grund ihres Abhängigkeitsverhältnisses zu den Personen, in deren Haus sie leben und ihren Unterhalt haben, ohne dafür Ersatz zu leisten, sich haben verleiten lassen, mit diesen an einem Verbrechen teilzunehmen; ebenso für Kinder unter 15 Jahren, welche von älteren Personen, von denen angenommen werden mufs, dafs sie zufolge ihres Verhältnisses zu ihnen einen besondern Einflufs auf sie ausüben, dazu bewogen worden sind, ihnen Beistand zu einem Verbrechen zu leisten. Wegen der im § 55 behandelten „Mitschuld" an Verbrechen sind Kinder unter 15 Jahren nicht zu bestrafen.

6. Kapitel.

Ausmessung der Strafe und ihre Herabsetzung in gewissen Fällen, sowie Wiederholung des Verbrechens.

§ 57. Bei der Strafausmessung innerhalb der im Gesetz bestimmten Grenzen soll hauptsächlich Rücksicht genommen werden teils auf die gröfsere oder weniger grofse Gefährlichkeit der Handlung nach Zeit, Ort, Art der Ausführung; auf die Wichtigkeit des Gegenstandes, den Umfang und die Gröfse des Schadens, teils auf die gröfsere oder geringere Stärke und Festigkeit des Willens des Thäters, auf seine Beweggründe, seine Erziehung, sein Alter und Vorleben, sein besonderes Verhältnis zum Verletzten; auf sein nach Begehung der That zur Schau getragenes Benehmen.

§ 58. War der Schuldige einer langen Untersuchungshaft unterworfen, ohne dafs diese seinem eigenen Verhalten in der Sache zugeschrieben werden mufs, so soll dies bei Ausmessung der Strafe als mildernder Umstand berücksichtigt werden. Zeigt es sich, dafs sein Verhalten nur eine einfache Gefängnisstrafe oder eine Gefängnisstrafe bei gewöhnlicher Gefängniskost, beide von kürzerer Dauer, nach sich ziehen würde, so kann nach dem Ermessen der Gerichte die ausgestandene Untersuchungshaft an Stelle der Strafe treten.

§ 59. Bei Festsetzung der Gröfse von Bufsen ist besonders auf die Vermögensverhältnisse des Schuldigen Rücksicht zu nehmen.

§ 60. War der Schuldige nach Ausführung des Verbrechens in wirksamer Weise bestrebt, die schädlichen Folgen desselben zu beseitigen oder doch möglichst zu verringern, so sollen die Gerichte unter sonst mildernden Umständen dazu befugt sein, die Strafe unter den niedersten im Gesetz bestimmten Grad derselben, jedoch nicht unter die Hälfte herabzusetzen. Dasselbe gilt, wenn jemand sich freiwillig als schuldig oder mitschuldig an einem Verbrechen angezeigt und vollständige Aufklärung darüber abgegeben hat.

§ 61. Wenn im Gesetz für die Wiederholung eines Verbrechens eine höhere Strafe als die gewöhnliche festgesetzt ist, so kann diese höhere Strafe nur dann gegen den Thäter verhängt werden, wenn er des früheren Verbrechens im Dänischen Reich für schuldig erklärt worden ist, ehe er sich wieder verging, und jenes Verbrechen ferner verübt worden ist, nachdem er sein 18. Lebensjahr vollendet hatte.

Wenn seit Verbüfsung der früheren Strafe bis zur Begehung der neuen Handlung ein Zeitraum von 10 Jahren verflossen ist, so finden an Stelle der Bestimmungen über Wiederholung die allgemeinen Regeln über Ausmessung der Strafe im § 57 Anwendung.

7. Kapitel.

Zusammentreffen von Verbrechen und Veränderung der Strafe in gewissen Fällen.

§ 62. Wenn jemand in demselben Verfahren mehrerer Verbrechen für schuldig befunden wird, so ist auch für diese eine Gesamtstrafe festzusetzen und zwar so, dafs alle auf die Gröfse derselben von Einflufs sind; jedoch fällt die Frage nach einer weiteren Straffestsetzung für die übrigen Verbrechen weg, wenn schon das gröfste der begangenen Verbrechen Todesstrafe oder lebenslängliche Strafarbeit nach sich zieht.

Wenn die Verbrechen alle unter derselben Strafbestimmung stehen, so kann der höchste Grad derselben nicht überschritten werden; fallen sie unter verschiedene Strafbestimmungen, so soll sich die Strafe normalerweise ebenfalls innerhalb der Grenzen der Strafbestimmung halten, welche die schwerste Strafe androht; jedoch kann dieselbe, wenn durch mehrere Handlungen Verbrechen verschiedener Art begangen worden sind, nach den Umständen bis um die Hälfte erhöht werden.

Ausnahmsweise sollen die Gerichte, wenn der Schuldige gleichzeitig wegen eines gröfseren und wegen eines verhältnismäfsig nur unbedeutenden Verbrechens verurteilt werden soll, dazu befugt sein, sogar nur den niedrigsten Grad der für jenes vorgeschriebenen Strafe anzuwenden, wenn diese im ganzen als hinreichend angesehen werden mufs.

§ 63. Wenn eine Erhöhung der für das betr. Verbrechen im Gesetz bestimmten Strafe nicht ohne Überschreitung der für die einzelnen Strafarten bestimmten Grenzen erfolgen könnte, so ist die Strafe im ganzen in eine der nächstfolgenden schwereren Art nach dem im 2. Kap. angegebenen Verhältnis umzuwandeln.

Ungeachtet der im 2. Kap. § 11 für zeitige Zuchthausstrafe gezogenen Grenze soll in dem hier erwähnten Fall auf Strafarbeit bis zu 24 Jahren erkannt werden können, ebenso wie die Grenze für einfaches Gefängnis bis zu 3 Jahren erhöht werden kann.

§ 64. Zeigt es sich, nachdem jemand wegen einer oder mehrerer Verbrechen verurteilt worden ist, dafs er auch noch andre Verbrechen begangen hatte, so ist gegen ihn in einem neuen Verfahren auf eine Zusatzstrafe zu erkennen, die der Straferhöhung entspricht, welche die später zu Tage getretenen Verbrechen bedingt haben würden, wenn sie in das erste Verfahren einbezogen worden wären.

Inwieweit der Schuldige zur Zeit des Urteilserlasses im neuen Verfahren die früher gegen ihn erkannte Strafe noch nicht verbüſst hat, kann diese, wenn sie auf Strafbarkeit lautete, als Zusatzstrafe auch für kürzere Zeit als die im 2. Kap. § 11 im allgemeinen für die verschiedenen Arten von Strafarbeit vorgeschriebene kürzeste Dauer verhängt werden.

§ 65. Hinsichtlich der von Strafgefangenen in den Strafanstalten begangenen Verbrechen finden die Gesetze die Strafanstalten betr. Anwendung, ebenso wie auch die in den erwähnten Gesetzen gegebenen Strafbestimmungen anzuwenden sind, wenn derjenige, der zu lebenslänglicher Zuchthausarbeit verurteilt und nicht begnadigt ist, auſserhalb der Strafanstalt ein neues Verbrechen begeht, auf welches nicht Todesstrafe angedroht ist.

8. Kapitel.

Verjährung der Strafschuld.

§ 66. Zeigt es sich in einer Strafsache, daſs nach der Ausführung der strafbaren Handlung 2 Jahre verlaufen sind, ehe die Anklage erhoben wurde, oder daſs die Anklage zwar erhoben, aber die Sache abgewiesen und nicht innerhalb der genannten Frist wieder aufgenommen wurde, so soll die verwirkte Strafe in Wegfall kommen, sofern auf keine höhere Strafe als Buſsen, einfaches Gefängnis oder Rutenschläge (Riis) zu erkennen sein würde.

Infolgedessen soll keine Klage erhoben werden, wenn 2 Jahre seit der Ausführung einer strafbaren Handlung verflossen sind, auf welche keine höheren Strafen als Buſsen, einfaches Gefängnis oder Rutenschläge angedroht sind. Die in diesem Paragraphen enthaltenen Bestimmungen sollen jedoch hinsichtlich der im 13. Kap. behandelten strafbaren Handlungen nicht in Anwendung kommen.

§ 67. Die Strafe für eine strafbare Handlung, welche nicht im Wege der öffentlichen Klage oder nur auf Antrag des Verletzten verfolgt wird, fällt nicht bloſs in Ansehung der im § 66 enthaltenen allgemeinen Regel weg, sondern auch, wenn der Verletzte innerhalb eines Jahres, nachdem er nachweislich Kenntnis von dem Thäter erlangt hat, es unterläſst, Klage zu erheben oder die Verfolgung zu beantragen. Hat er zwar rechtzeitig Klage erhoben, wurde aber die Sache abgewiesen oder eingestellt[1]), so kann er, wenn seit der Abweisung oder Einstellung der Sache 3 Monate verlaufen sind, nicht von neuem Klage erheben, wenn die genannte Frist von 1 Jahr inzwischen abgelaufen ist.

§ 68. Strafbare Handlungen, welche von Kindern unter 15 Jahren begangen worden sind, sind, auch wenn eine höhere Strafe als die

---

[1]) Aus formellen Gründen.

im § 66 genannte zu erwarten wäre, nicht zu verfolgen, sofern die Verfolgung nicht eingeleitet war, ehe der Thäter sein 18. Jahr erreicht hatte.

Zeigt es sich in einem Verfahren, welches gegen jemand eingeleitet worden ist, nachdem er dieses Alter erreicht hatte, dafs er die betr. strafbare Handlung vor Vollendung des 15. Jahres begangen hat, so kommt die Strafe in Wegfall.

§ 69. Werden strafbare Handlungen, welche von jungen Leuten zwischen 15 und 18 Jahren begangen worden sind, erst verfolgt, nachdem der Thäter 25 Jahre alt geworden ist, so kommt die verwirkte Strafe in Wegfall, wenn es sich im Laufe des Verfahrens zeigt, dafs die Strafe, falls das Urteil zu fällen gewesen wäre, ehe der Thäter das 18. Lebensjahr vollendet hatte, Stockschläge oder Gefängnis bei gewöhnlicher Gefängniskost nicht überstiegen haben würde. Fällt die That unter eine Strafbestimmung, welche, falls das Urteil zu fällen gewesen wäre, bevor der Thäter das 18. Lebensjahr vollendet hatte, eine schwerere Strafe als Stockschläge oder Gefängnis bei gewöhnlicher Gefängniskost ausschliefsen würde, so soll keine Klage erhoben werden, wenn dies nicht schon geschehen ist, ehe der Thäter das 25. Lebensjahr vollendet hatte.

§ 70. Abgesehen von den in den §§ 66—69 behandelten Fällen, verjährt die strafrechtliche Verantwortung nicht. Jedoch soll das Justizministerium befugt sein, von der Erhebung der öffentlichen Klage abzusehen, wenn 10 Jahre seit Begehung der That verflossen sind. Hat in einem solchen Falle eine Einvernahme stattgefunden, so ist das Protokoll darüber an das Ministerium einzusenden, welches darüber entscheidet, ob Klage erhoben werden soll. Zeigt es sich aber erst während eines gegen einen Beschuldigten eingeleiteten Verfahrens, dafs 10 Jahre seit Begehung der strafbaren Handlung, aber vor der Ladung, verflossen sind, so soll das Gericht an das Justizministerium berichten, welches darüber entscheidet, ob ein Urteil erlassen werden soll.

Sind nach Fällung eines Urteils 10 Jahre verflossen, so kann dasselbe nur auf Anordnung des Justizministeriums vollzogen werden.

9. Kapitel.

Verbrechen gegen die äufsere Sicherheit und Selbständigkeit des Staates.

§ 71. Wer in der Absicht, den dänischen Staat oder einen Teil desselben unter fremde Herrschaft zu bringen, oder einen Teil desselben von der dänischen Krone loszureifsen, Aufruhr anstiftet oder sich mit fremden Mächten in Verbindung setzt, wird mit dem Tode bestraft.

Denjenigen, der an einem solchen Aufruhr teilnimmt, trifft Strafarbeit von mindestens 3 Jahren.

§ 72. Wer sich in einer andern als der im § 71 erwähnten Absicht mit einer fremden Regierung in Verbindung setzt, um feindliche

Mafsregeln oder sogar Krieg gegen den dänischen Staat herbeizuführen, wird, wenn die feindlichen Mafsregeln ihren Anfang genommen haben oder der Krieg ausgebrochen ist, mit dem Tode oder mit lebenslänglicher Zuchthausarbeit, andernfalls mit Strafarbeit von mindestens 4 Jahren bestraft.

Wenn jemand sonst zum Nachteil oder zum Schaden des dänischen Staates mit einer fremden Regierung in Verbindung tritt, um diese zu veranlassen, sich in die Angelegenheiten des Staates einzumischen oder mit Forderungen an denselben aufzutreten, so ist Strafarbeit oder unter mildernden Umständen Staatsgefängnis bis zu 10 Jahren in Anwendung zu bringen.

§ 73. Wer öffentlich in Reden oder Schriften oder auf andere Art als die in den §§ 71 und 72 erwähnte dafür thätig ist, feindliche Mafsregeln gegen den dänischen Staat oder unberechtigte Einmischung fremder Mächte in die Angelegenheiten desselben herbeizuführen, ist mit Strafarbeit oder Staatsgefängnis bis zu 6 Jahren oder unter besonders mildernden Umständen mit anderem Gefängnis, doch nicht unter 3 Monaten einfachem Gefängnis zu bestrafen, sofern denselben nach den in den 4. und 5. Kap. gegebenen Regeln keine höhere Strafe trifft.

§ 74. Wer während eines ausgebrochenen Krieges dem Feinde Festungen oder andre Verteidigungsposten, Kriegsschiffe oder Truppen, öffentliche Kassen, Zeughäuser, Magazine oder Vorräte an Waffen oder anderm Kriegsbedarf verrät oder dem Feinde über Operationspläne oder über die Beschaffenheit und den Zustand von Festungen oder andern Verteidigungsposten Aufschlufs gibt oder ihm Losungen oder Signale mitteilt, sowie, wer die dienstthuende Mannschaft zu Aufruhr, Übergang zum Feinde oder zum Verlassen eines anvertrauten Postens verleitet, Mannschaften für den Feind anwirbt oder für ihn spioniert, wird mit dem Tode oder lebenslänglicher Zuchthausarbeit, unter mildernden Umständen mit Zuchthausarbeit von bestimmter mehrjähriger, doch nicht unter zehnjähriger Dauer bestraft. Wenn jemand in Kriegszeiten sonst auf andre Art mit Rat oder That dem Feinde beisteht, so ist Strafarbeit von mindestens 3 Jahren in Anwendung zu bringen.

§ 75. Trägt ein dänischer Unterthan während eines ausgebrochenen Krieges Waffen gegen den dänischen Staat oder dessen Bundesgenossen, so ist er unter besonders erschwerenden Umständen mit dem Tode, sonst mit Strafarbeit oder unter mildernden Umständen mit Staatsgefängnis von mindestens 3 Jahren zu bestrafen.

§ 76. Wer, ohne dafs § 74 zutrifft, ohne Erlaubnis des Königs Werbungen für fremde Kriegsdienste vornimmt, wird, wenn das Land in Krieg verwickelt ist, mit Strafarbeit bis zu 6 Jahren, sonst mit Gefängnis und zwar nicht unter 2 Monaten einfachem Gefängnis oder mit Besserungshausarbeit bis zu 2 Jahren bestraft.

§ 77. Ein Unterthan, welcher ohne Erlaubnis des Königs in Kriegszeiten sich für eine fremde, wenn auch nicht feindliche Macht anwerben läfst, wird mit Gefängnis oder je nach den Umständen mit Besserungshausarbeit bis zu 3 Jahren bestraft.

§ 78. Stellt es sich heraus, dafs ein Wehrpflichtiger sich vorsätzlich verstümmelt oder auf andre Weise zum Kriegsdienste untauglich gemacht hat, so ist er mit Gefängnis oder unter erschwerenden Umständen, namentlich wenn das Land in Krieg verwickelt ist oder ein solcher auszubrechen droht, mit Besserungshaus bis zu 1 Jahr zu bestrafen.

§ 79. Handelt jemand, der den Auftrag hat, in Angelegenheiten des Staates mit einer fremden Macht zu verhandeln oder ein Übereinkommen mit ihr zu schliefsen, bei Ausführung seines Auftrages vorsätzlich gegen das Interesse des Staates, so ist Strafarbeit von 3—16 Jahren in Anwendung zu bringen.

§ 80. Wenn jemand, der infolge seiner öffentlichen Stellung in der Lage ist, heimliche Unterhandlungen des Staates, heimliche Beratungen oder Beschlüsse desselben in Angelegenheiten zu kennen, auf denen die Sicherheit des Staates oder Rechte desselben im Verhältnis zu fremden Mächten beruhen, diese offenbart, oder Urkunden, welche er geheim halten oder aufbewahren sollte, bekannt macht oder Unberufenen mitteilt, so ist Strafarbeit oder unter mildernden Umständen Staatsgefängnis, doch nicht unter 3 Jahren, in Anwendung zu bringen.

Wenn sonst jemand Kenntnis von derartigen Unterhandlungen, Beratungen oder Beschlüssen bekommt oder den Besitz von derartigen Urkunden erlangt und sie bekannt gibt, obgleich er nicht in Unkenntnis darüber sein konnte, dafs sie geheim zu halten seien, wird er mit Staatsgefängnis oder unter erschwerenden Umständen mit Strafarbeit bis zu 8 Jahren bestraft.

§ 81. Wer Beweisstücke oder andre Urkunden, auf denen die Sicherheit des Staates oder Rechte desselben im Verhältnis zu fremden Mächten beruhen, verfälscht, vernichtet oder auf andre Weise ändert, wird, wenn ihm dieselben infolge seiner öffentlichen Stellung zugänglich waren, mit Strafarbeit von 3—16 Jahren, und wenn er auf andre Weise den Besitz derselben erlangt hat, mit Staatsgefängnis oder unter erschwerenden Umständen mit Strafarbeit bis zu 8 Jahren bestraft.

§ 82. Wer irgend eine Handlung vornimmt, welche darauf abzielt, einen fremden mit dem König in Freundschaft lebenden Regenten des Lebens zu berauben, wird mit dem Tode oder mit lebenslänglicher Strafarbeit, unter mildernden Umständen mit Strafarbeit von bestimmter mehrjähriger, jedoch nicht unter 3jähriger Dauer bestraft. Vergreift sich jemand sonst an der Person eines solchen fremden Regenten, so wird er nach der Beschaffenheit des Verbrechens mit Strafarbeit oder Staatsgefängnis von ein oder mehreren Jahren bestraft.

Der, welcher einen fremden mit dem König in Freundschaft lebenden Regenten mit einem persönlichen Angriff bedroht, ihn mit

Schimpfworten überfällt oder auf andre beleidigende Weise anredet, wird mit Besserungshausarbeit, Staatsgefängnis oder anderm Gefängnis, doch nicht unter 3 Monaten einfachem Gefängnis bestraft.

Wer sonst durch Worte, Zeichen oder bildliche Darstellungen, fremde mit dem Könige befreundete Mächte beleidigt, namentlich dadurch, dafs er in Druckschriften die regierenden Personen lästert und verhöhnt oder ohne seinen Gewährsmann zu nennen, ihnen ungerechte und schändliche Handlungen zuschreibt, wird mit Gefängnis oder unter mildernden Umständen mit Bufsen von 50—500 R-D. bestraft.

§ 83. Wer den Gesandten einer fremden Macht am königlichen Hofe persönlich angreift, wird, sofern nach den allgemeinen Bestimmungen des Gesetzes keine höhere Strafe verwirkt ist, mit Besserungshaus oder Staatsgefängnis bis zu 2 Jahren oder mit anderm Gefängnis bestraft.

Wer einen solchen Gesandten mit einem persönlichen Angriff bedroht, ihn mit Schimpfworten überfällt oder auf andre beleidigende Weise anredet, wird mit Gefängnis bestraft.

Wenn jemand denselben sonst durch Worte, Zeichen oder bildliche Darstellung beleidigt, wird er mit einfachem Gefängnis oder unter mildernden Umständen mit Bufsen von 50—500 R-D. bestraft.

§ 84. In den in den §§ 82 u. 83 genannten Fällen, mit Ausnahme des im 1. und 2. Abs. des § 82 behandelten Falles, wird die öffentliche Klage nur erhoben, wenn die betr. fremde Regierung oder der betr. Gesandte es verlangt, und das Justizministerium einen diesbezüglichen Befehl erteilt.

10. Kapitel.

Verbrechen gegen die Staatsverfassung.

§ 85. Wer irgend eine Handlung vornimmt, welche darauf abzielt, den König seines Lebens, seiner Freiheit oder des Thrones zu berauben, wird mit dem Tode bestraft.

Wer in der Absicht, die Staatsverfassung oder die bestehende Thronfolge zu ändern, Aufruhr hervorruft oder auf andre Weise Gewaltthätigkeiten herbeiführt oder leitet, die eine derartige Veränderung bezwecken, wird mit dem Tode oder mit lebenslänglicher Zuchthausarbeit bestraft.

Wer sich an Aufruhr oder an Gewaltthätigkeiten der bezeichneten Art beteiligt, wird mit Strafarbeit von mindestens 3 Jahren bestraft.

§ 86. Wer auf andre ungesetzliche Art eine Änderung der Staatsverfassung oder der Thronfolge herbeizuführen sucht, wird mit Strafarbeit oder unter mildernden Umständen mit Staatsgefängnis bestraft.

§ 87. Dieselbe Strafe, jedoch nicht über 8 Jahre, trifft denjenigen, der durch Gewalt, Drohung mit solcher oder auf andre ungesetzliche

Weise die Vornahme der verfassungsmäfsigen Wahlen oder das Zusammentreten und die Thätigkeit der gesetzgebenden Versammlungen zu einer bestimmten Zeit zu verhindern sucht, ohne dafs ein Umsturz der Verfassung beabsichtigt ist.

11. Kapitel.

Verbrechen gegen den König und das königliche Haus, sowie gegen gesetzgebende Versammlungen u. a.

§ 88. Vergreift sich jemand an der Person des Königs, so wird er, sofern nach den allgemeinen Bestimmungen des Gesetzes keine höhere Strafe verwirkt ist, mit Zuchthausarbeit bestraft.

§ 89. Wer den König mit Drohungen, Schimpfworten oder andren Arten von Verhöhnung überfällt, oder ihn auf andre beleidigende Weise anredet, wird mit Strafarbeit oder Staatsgefängnis von 1 bis zu 8 Jahren bestraft.

§ 90. Wenn jemand sonst durch Drohungen, Verhöhnung oder sonstiges beleidigendes Benehmen die Ehrfurcht verletzt, die dem König gebührt, so wird er mit Gefängnis, doch nicht unter 3 Monaten einfachem Gefängnis, oder mit Besserungshausarbeit bestraft.

§ 91. Wer irgend eine Handlung vornimmt, die darauf abzielt, die Königin, den Thronfolger oder die Königinwitwe des Lebens oder der Freiheit zu berauben, wird mit dem Tode oder mit Zuchthausarbeit bestraft.

§ 92. Vergreift sich jemand sonst an der Person der Königin, des Thronfolgers oder der Königinwitwe, so wird er, sofern nach den allgemeinen Bestimmungen des Gesetzes keine höhere Strafe verwirkt ist, mit Strafarbeit bestraft.

§ 93. Wird ein der in den §§ 89 und 90 behandelten Verbrechen gegen die Königin, den Thronfolger oder die Königinwitwe begangen, so sind die dort angedrohten Strafen herabzusetzen, nach den Umständen bis auf die Hälfte.

§ 94. Wird ein der in den §§ 88—90 behandelten Verbrechen gegen einen andern der nach der Thronfolgeordnung erbberechtigten Prinzen oder gegen eine hier im Königreiche wohnende Prinzessin, welche zum dänischen Königshaus gehört, begangen, so sind die allgemeinen Strafen des Gesetzes zu erhöhen; nach den Umständen bis auf das Doppelte.

§ 95. Wer die Sicherheit oder Freiheit einer der gesetzgebenden Versammlungen antastet, darauf abzielende Befehle erteilt oder solchen gehorcht, wird, insofern das Verbrechen nicht unter § 85 fällt, mit Strafarbeit oder Staatsgefängnis bestraft.

§ 96. Die gleiche Strafe trifft denjenigen, der auf dieselbe Weise sich am Staatsrat, wenn dieser nach der Verfassung die Regierung führt, am Reichsgericht[1]) oder am höchsten Gerichtshof vergreift.

---

[1]) für Ministeranklagen.

§ 97. Die in den §§ 88—94 behandelten Verbrechen werden nur auf Befehl des Justizministeriums verfolgt.

12. Kapitel.

Verbrechen gegen die öffentliche Gewalt und Ordnung.

§ 98. Wer einen Beamten während der Ausübung seines Berufes oder in Veranlassung desselben mit Gewalt oder Drohung mit solcher überfällt, sowie wer auf die gleiche Weise einen Beamten zur Vornahme oder zur Unterlassung einer Amtshandlung zu zwingen sucht, wird, sofern nicht durch die Art des Verbrechens eine höhere Strafe bedingt ist, mit Strafarbeit bis zu 6 Jahren, oder unter mildernden Umständen mit Gefängnis, doch nicht unter 3 Monaten einfachem Gefängnis, bestraft.

Legt jemand sonst einem Beamten Hindernisse bei der Ausführung von Amtshandlungen in den Weg, so wird er mit Gefängnis oder mit Bufsen bestraft.

In dieser Hinsicht sind den Beamten Mitglieder des Amtsrates, Gemeindevorsteher und andre aus Wahlen hervorgegangene Vertreter der öffentlichen Gewalt hinsichtlich der Ausübung derselben gleichgestellt.

§ 99. Wer sich Gewaltthätigkeiten oder Drohungen mit solchen gegen Posten, militärische Patrouillen oder andere im Dienst befindliche Militärpersonen zu Schulden kommen läfst, oder ihnen Hindernisse bei Ausführung ihrer dienstlichen Obliegenheiten in den Weg legt, wird nach Vorschrift des § 98 bestraft, jedoch kann die Strafe in den im I. Absatz des Paragraphen genannten Fällen nach Umständen bis auf 1 Monat einfaches Gefängnis herabgesetzt werden.

§ 100. Wer die im § 98 genannten Handlungen gegen untergeordnete Gerichts- oder Polizeibedienstete, gegen Zollassistenten, Bürgermeister (Sognefoged), Gerichtsboten (Staevningsmaend) oder ähnliche öffentliche Bedienstete verübt, wird mit Besserungshausarbeit bis zu 2 Jahren, mit Gefängnis oder unter mildernden Umständen mit Bufsen bestraft. Gleichgestellt sind den genannten Bediensteten Personen, welche vom Gericht oder von der Obrigkeit bei Ausübung ihres Amtes zur Unterstützung bei Durchführung der öffentlichen Angelegenheiten zugezogen werden.

§ 101. Wer einen Beamten oder eine andre der in §§ 98—100 genannten Personen bei Ausübung ihres Amtes oder bei Ausführung ihrer Obliegenheiten oder in Veranlassung dieser mit Spott oder Schimpfworten überfällt oder sie auf andre beleidigende Weise anredet, wird mit Gefängnis oder mit Bufsen bestraft.

§ 102. Bei Ausmessung der in den §§ 98—101 angedrohten Strafen ist der Umstand, dafs der betr. Beamte oder Bedienstete selbst durch sein Benehmen Anlafs zu der That gegeben hat, als Milderungsgrund in Betracht zu ziehen; es kann sogar unter dieser Voraussetzung eine Gefängnisstrafe in Bufsen umgewandelt werden.

§ 103. Hat eine versammelte Menschenmenge durch Worte oder Handlungen die Absicht zu erkennen gegeben, vereint die Obrigkeit zur Vornahme oder Unterlassung einer Handlung zu zwingen oder vereint der Ausführung einer von der Obrigkeit getroffenen Anordnung Widerstand entgegenzusetzen, so sind die Rädelsführer, insofern Gewalt gegen Personen oder Sachen angewendet worden ist, mit Strafarbeit bis zu 6 Jahren, die übrigen Teilnehmer mit Gefängnis und zwar nicht unter 3 Monaten einfachem Gefängnis oder mit Besserungshausarbeit bis zu 2 Jahren zu bestrafen.

Hat, ohne dafs Gewalt gegen Personen oder Sachen verübt worden ist, die versammelte Menge der Aufforderung der Obrigkeit, auseinander zu gehen, keine Folge leisten wollen (§ 104), so werden die Rädelsführer mit Gefängnis und zwar einfachem Gefängnis nicht unter 3 Monaten oder mit Besserungshausarbeit bis zu 2 Jahren, die übrigen Teilnehmer mit Gefängnis bestraft. Ist dagegen die versammelte Menschenmenge, ohne Gewalt gegen Personen oder Sachen verübt zu haben, entweder aus eigenem Antrieb oder auf Aufforderung der Obrigkeit hin, wieder auseinander gegangen, so sind nur die Rädelsführer mit Gefängnis oder mit Besserungshausarbeit bis zu 1 Jahr zu bestrafen.

§ 104. Wenn eine an einem öffentlichen Orte versammelte Menschenmenge von der Obrigkeit dreimal im Namen des Königs und des Gesetzes aufgefordert worden ist, auseinanderzugehen, so werden diejenigen, welche dieser Aufforderung nicht nachkommen, mit Bufsen oder Gefängnis bestraft. Wer dabei, ohne dafs § 103 Anwendung finden kann, Gewalt gegen Personen oder Sachen verübt, wird mit Gefängnis oder, unter erschwerenden Umständen, mit Besserungshausarbeit bis zu 1 Jahr bestraft.

§ 105. Wer rechtswidrig („böswillig“ R.St.G.B.) eine auf Veranlassung der Obrigkeit angeschlagene Bekanntmachung abreifst oder beschädigt, wird mit Bufsen oder Gefängnis bestraft. Ebenso wird derjenige bestraft, welcher, ohne hierzu befugt zu sein, vorsätzlich von der öffentlichen Gewalt in Ausübung ihres Amtes angebrachte Siegel oder Zeichen abnimmt oder beschädigt, sofern die Handlung sich nicht als ein anderes selbständiges Verbrechen darstellt.

§ 107. Wer sich eine ihm nicht zukommende öffentliche Befugnis anmafst, welche nur kraft eines öffentlichen Amtes, einer öffentlichen Anstellung oder einer öffentlichen Pflicht („Ombud“, Sendbote, Amt) ausgeübt werden darf, wird, sofern nach der Beschaffenheit der Handlung keine höhere Strafe verwirkt ist, mit Bufsen oder mit einfachem Gefängnis bis zu 1 Jahr bestraft.

§ 108. Wer einen Gefangenen aus der Gewalt der Obrigkeit oder des Gerichts befreit oder ihm Mittel und Gelegenheit zur Flucht verschafft, wird mit Gefängnis oder mit Besserungshausarbeit bestraft. Diese Strafe kann, wenn Gewalt oder Drohung mit Gewalt gegen die Wächter angewendet worden ist, oder wenn der Befreier den Gefangenen mit Werkzeugen versehen hat, die es ihm ermöglichen sollten, auf derartig gewaltsame Art die Flucht zu bewerkstelligen, bis zu 4 Jahren steigen.

Befreit jemand eine auf frischer That ertappte („paagreben eller anholdt“) oder festgenommene Person, oder verschafft er ihr Mittel und Gelegenheit zur Flucht, so wird er mit Bufsen oder Gefängnis bestraft. Wurde Gewalt angewendet, so kann die Strsfe bis zu 2 Jahren Besserungshausarbeit steigen.

§ 109. Wer sichere Kenntnis von einem der in diesem Gesetz in den §§ 71, 72, 74 und 85 behandelten Verbrechen gegen den König, das Vaterland oder gegen die Staatsverfassung erhält und die Obrigkeit nicht davon benachrichtigt, obgleich er dies ohne Gefahr für sein eigenes Leben oder Wohlergehen oder das seiner nächsten Angehörigen hätte thun können, soll, wenn das Verbrechen zur Ausführung gelangt, mit Gefängnis, Staatsgefängnis oder mit Besserungshausarbeit bestraft werden.

Unter den angegebenen Voraussetzungen soll auch derjenige, welcher sichere Kenntnis von dem Vorhaben eines Mordes, Raubes oder eines anderen Verbrechens, durch welches Menschenleben gefährdet werden, erhält, mit Gefängnis oder Besserungshausarbeit bestraft werden, wenn er nicht alles thut, was in seiner Macht steht, um durch Warnung der bedrohten Person oder auf andre den Umständen nach zweckmäfsige Art, gegebenenfalls durch Anzeige bei der Obrigkeit, das Verbrechen zu verhindern. Diese Bestimmungen finden jedoch keine Anwendung auf Kinder unter 15 Jahren, und ebensowenig sind der Ehegatte des Schuldigen, seine Geschwister, Verwandte oder Verschwägerte in auf- oder absteigender Linie, seine Pflegeeltern oder Pflegekinder wegen Unterlassung der Anzeige bei der Obrigkeit zu bestrafen.

§ 110. Wer eine Person, von der er weifs, dafs sie ein entflohener Gefangener ist, oder dafs sie wegen Verbrechen öffentlich verfolgt wird, verbirgt oder ihre Flucht unterstützt, wird mit Bufsen oder Gefängnis bestraft. Die zuletzt genannte Strafe oder unter mildernden Umständen Bufsen sind auf denjenigen anzuwenden, welcher nach der unmittelbaren Begehung eines Verbrechens oder zu einer Zeit, wo dasselbe öffentlich verfolgt wird, Spuren desselben vernichtet oder verbirgt.

Ehegatten, Geschwister, Verwandte oder Verschwägerte in auf- oder absteigender Linie, sowie Pflegeltern oder -Kinder sind jedoch wegen dieser Handlungen nicht zu bestrafen.

§ 111. Entweichen und Zusammenrottungen der zu Strafarbeit eingesperrten Gefangenen, sowie Verbrechen derselben gegen die bei der Strafanstalt angestellten Beamten und Bediensteten werden nach den in den Gesetzen über die Strafanstalten enthaltenen Bestimmungen bestraft.

Haben andre Gefangene sich behufs gemeinsamer Flucht verständigt, so werden sie mit einfachem Gefängnis bis zu 2 Jahren oder mit andrer Gefängnisstrafe von entsprechender Dauer bestraft.

§ 112. Verhindert jemand durch Gewalt oder durch Drohung mit solcher Gerichtssitzungen, Versammlungen kommunaler Behörden oder andre im Gesetz vorgeschriebene Versammlungen in öffentlichen Angelegenheiten, so ist er mit Gefängnis oder mit Besserungshausarbeit bis zu 1 Jahr zu bestrafen.

Dieselbe Strafe oder nach den Umständen Bufsen treffen denjenigen, welcher durch Gewalt oder auf ähnliche Weise die Geschäftsführung oder Verhandlungen in einer solchen Sitzung oder Versammlung stört oder ihre weitere Fortsetzung unmöglich macht.

§ 113. Wer durch Gewalt oder durch Drohung mit solcher die Wahlfreiheit antastet, entweder dadurch, dafs er einen andern verhindert sein Wahlrecht zu einer der gesetzgebenden Versammlungen auszuüben oder dafs er ihn zwingt in einem gewissen Sinne seine Stimme abzugeben, wird mit Besserungshausarbeit oder mit Gefängnis bestraft.

Die zuletzt genannte Strafe kann auch auf den angewendet werden, der bei der Vornahme der verfassungsmäfsigen Wahlen sich Fälschungen zu Schulden kommen läfst oder der eine Wahlstimme kauft.

§ 114. Wer seine Stimme bei einer Wahl zu den gesetzgebenden Versammlungen verkauft wird mit Bufsen bestraft und geht seines Wahlrechts das erste Mal für einen Zeitraum von 5 Jahren, das zweite Mal für beständig verlustig.

§ 115. Wird eine der im § 113 genannten Handlungen bei einer Kommunalwahl begangen, so ist Gefängnis oder unter mildernden Umständen Geldstrafe anzuwenden. Wer bei einer Kommunalwahl seine Stimme verkauft, wird mit Bufsen bestraft und verliert sein kommunales Wahlrecht das erste Mal auf einen Zeitraum von 5 Jahren, das zweite Mal für beständig.

§ 116. Sucht jemand sich selbst rechtswidrig Recht zu schaffen, so wird er, sofern nach den übrigen gesetzlichen Bestimmungen keine höhere Strafe verwirkt ist, mit Bufsen bestraft. Diese Selbsthilfe ist nicht Gegenstand öffentlicher Anklage.

13. Kapitel.

Verbrechen im Amte.

§ 117. Ein Beamter, der ohne im übrigen sich gegen eine Amtspflicht zu vergehen, für eine Amtshandlung Geschenke oder andre Vorteile, auf die er kein Recht hat, fordert, annimmt oder sich versprechen läfst, wird mit Bufsen nicht unter 50 Rd., einfachem Gefängnis oder mit Absetzung bestraft.

§ 118. Wenn ein Beamter für Verletzung einer Amtspflicht Geschenke oder andre Vorteile fordert, annimmt oder sich versprechen läfst, so wird er mit Absetzung und Gefängnis und zwar nicht unter 3 Monaten einfachem Gefängnis, oder mit Besserungshausarbeit bestraft.

§ 119. Wer einem Beamten Geschenke oder andre Vorteile gewährt, verspricht oder anbietet, um ihn dazu zu bestimmen, unter Verletzung seiner Amtspflicht eine Handlung vorzunehmen oder sie zu unterlassen, wird mit Gefängnis oder mit Bufsen bestraft.

§ 120. Ein Richter, welcher bei Ausübung seines Richteramtes Geschenke oder andre Vorteile fordert, annimmt oder sich versprechen läfst, auf die er kein Recht hat, wird mit Absetzung und unter erschwerenden Umständen zugleich mit Gefängnis, doch nicht unter 3 Monaten einfachem Gefängnis, oder mit Besserungshausarbeit bestraft.

Macht sich ein Geschworener[1]) bei Ausübung seines Amtes eines solchen Verbrechens schuldig, so wird er mit Besserungshausarbeit oder mit Gefängnis bestraft.

§ 121. Wer einen Richter oder einen Geschworenen besticht oder zu bestechen versucht, wird mit Gefängnis oder unter besonders erschwerenden Umständen mit Besserungshausarbeit bis zu 2 Jahren bestraft, soweit nicht nach andern Bestimmungen eine höhere Strafe verwirkt ist.

§ 122. In den Fällen der §§ 117—121 sind die gewährten Geschenke oder Vorteile oder der Wert derselben der Staatskasse zuzuerkennen.

§ 123. Begeht ein Richter bei Ausübung seines Richteramtes vorsätzlich eine Ungerechtigkeit, so wird er mit Absetzung und mit Strafarbeit bis zu 10 Jahren oder unter mildernden Umständen mit Gefängnis nicht unter 1 Jahr bestraft.

§ 124. Ein Beamter, welcher seine Amtsgewalt dazu mifsbraucht, rechtswidrig jemand zu einer Handlung, Duldung oder Unterlassung zu zwingen, wird, sofern nach der übrigen Beschaffenheit der Handlung keine höhere Strafe verwirkt ist, mit einfachem Gefängnis oder unter erschwerenden Umständen mit Absetzung bestraft.

§ 125. Ein Beamter, welcher bei Ausübung seines Amtes gesetzwidrig Hieb oder Schlag führt oder andre Gewalt anwendet, wird, soweit nach der übrigen Beschaffenheit der Handlung keine höhere Strafe verwirkt ist, mit Bufsen oder einfachem Gefängnis oder Absetzung bestraft.

§ 126. Wenn ein Untersuchungsrichter in einer Strafsache ungesetzliche Zwangsmittel anwendet, um ein Geständnis oder eine Erklärung zu erzwingen, so wird er mit einfachem Gefängnis oder Absetzung oder unter mildernden Umständen mit Bufsen bestraft.

§ 127. Ein Beamter, welcher gesetzwidrig eine Verhaftung vornimmt oder vornehmen läfst oder gesetzwidrig die Dauer einer solchen verlängert, wird, soweit nach der sonstigen Beschaffenheit der

---

[1]) Naevning. Das Institut der Geschworenen hätte nach der Verfassung vom 5. Juni 1849 (geändert 28. VII. 1866) (Grundlov) eingeführt werden sollen. Dies ist aber bis jetzt nicht geschehen.

Handlung keine höhere Strafe verwirkt ist, mit einfachem Gefängnis nicht unter 1 Monat oder mit Absetzung bestraft.

§ 128. Ein Beamter, welcher eine ungesetzliche Festnahme, Haussuchung oder Beschlagnahme und Untersuchung von Briefen und andern Papieren vornimmt oder vornehmen läfst, wird mit Bufsen, einfachem Gefängnis oder unter erschwerenden Umständen mit Absetzung bestraft.

§ 129. Wegen einer Verletzung der in den §§ 85 und 86 der Verfassung enthaltenen Bestimmungen, dafs ein jeder, der festgenommen wird, innerhalb 24 Stunden vor einen Richter gestellt werden mufs, dafs eine mit Gründen versehene Entschliefsung möglichst bald und spätestens innerhalb 3 Tagen über ihn zu erfolgen hat, dafs niemand wegen eines Vergehens, welches nur mit Bufsen oder einfachem Gefängnis bestraft wird, in Untersuchungshaft gezogen werden kann, und dafs eine Haussuchung oder eine Beschlagnahme und Untersuchung von Briefen und andern Papieren nur auf Grund eines gerichtlichen Erkenntnisses erfolgen darf, wenn nicht ein Gesetz eine besondre Ausnahme zuläfst, wird der Betreffende, soweit nach der sonstigen Beschaffenheit der Handlung keine höhere Strafe verwirkt ist, mit Bufsen bestraft.

§ 130. Ein Beamter, welcher eine kriminelle Untersuchung gegen jemand, dessen Unschuld ihm bekannt ist, veranlafst, beschliefst oder fortsetzt, wird mit Absetzung und Gefängnis bestraft und zwar nicht unter 3 Monaten einfachem Gefängnis, oder unter erschwerenden Umständen mit Besserungshausarbeit.

Dieselbe Strafe trifft den Beamten, welcher vorsätzlich eine erkannte Strafe unter Aufserachtlassung der Vorschriften, welche hinsichtlich der Prüfung des Urteils durch eine höhere Instanz oder der Begnadigung gelten, vollstrecken läfst. Wird die Handlung im zuletzt genannten Fall aus Fahrlässigkeit begangen, so wird er mit Bufsen oder einfachem Gefängnis bestraft.

§ 131. Wenn ein Beamter, welcher vermöge seines Amtes bei Ausübung der Strafgewalt mitwirken soll, vorsätzlich es unterläfst, eine strafbare Handlung zu verfolgen oder etwas unternimmt oder unterläfst, um entweder eine Freisprechung oder die Verurteilung zu einer geringeren Strafe herbeizuführen oder um jemand der gegen ihn erkannten Strafe zu entziehen, wird, sofern nach der sonstigen Beschaffenheit der Handlung keine höhere Strafe verwirkt ist, mit einfachem Gefängnis, Absetzung oder unter mildernden Umständen mit Bufsen bestraft.

§ 132. Hat ein Beamter, dem die Bewachung eines Gefangenen obliegt, vorsätzlich denselben entweichen lassen oder seine Flucht befördert, so wird er mit Absetzung und unter erschwerenden Umständen zugleich mit Gefängnis oder Besserungshausarbeit bestraft.

Ist die Handlung aus Fahrlässigkeit oder Nachlässigkeit begangen, so wird er mit Bufsen, einfachem Gefängnis oder Absetzung bestraft.

§ 133. Wenn ein Beamter, um sich oder andern einen Vorteil zuzuwenden oder andern Schaden zuzufügen, in den zu seinen Amtsverrichtungen gehörenden Protokollen Thatsachen anführt, die nicht geschehen sind, oder anders anführt als sie geschehen sind, Urkunden, welche er nach seinen Amtsbüchern auszustellen hat, falsch ausstellt, ferner Urkunden, welche ihm infolge seines Amtes anvertraut oder zugänglich sind, verfälscht, vernichtet oder auf andre Weise ändert, so wird er, soweit nicht nach der sonstigen Beschaffenheit der Handlung eine höhere Strafe verwirkt ist, mit Absetzung und mit Strafarbeit bis zu 6 Jahren oder unter mildernden Umständen mit Gefängnis und zwar nicht unter 6 Monaten einfachem Gefängnis bestraft.

§ 134. Hat jemand eine der im § 133 genannten Handlungen vorgenommen, ohne dafs dieselbe jedoch unter die Bestimmungen dieses Paragraphen gebracht werden kann, oder sonst in Ausübung seines Amtes ein falsches Zeugnis oder eine falsche Erklärung abgegeben, oder vorsätzlich es unterlassen, im Zeugnis oder in der Erklärung Umstände aufzuklären, welche für die verhandelte Sache als wesentlich angesehen werden müssen, so wird er mit Absetzung, einfachem Gefängnis nicht unter 1 Monat oder unter mildernden Umständen mit Bufsen bestraft.

§ 135. Stellt es sich heraus, dafs ein Beamter, welcher öffentliche Mittel in Händen hat und deswegen Rechenschaft ablegen mufs, zu wenig in der Kasse hat („Kassemangel"), so soll er seines Amtes verlustig sein. Unter erschwerenden Umständen ist er aufserdem mit Besserungshausarbeit zu bestrafen, und wenn er mit einem Teil der ihm anvertrauten Mittel entwichen ist oder den Versuch dazu gemacht hat, kann die Strafe bis zu Strafarbeit von 8 Jahren steigen.

Diese Strafe kann auch auf ihn angewendet werden, wenn er auf betrügerische Weise versucht hat, den Kassenmangel zu verbergen, so wenn die zur Eintragung der Einnahmen und Ausgaben oder zur Kontrolle über diese bestimmten Bücher, Register oder Rechnungen vorsätzlich unrichtig geführt, verfälscht oder beiseite geschafft sind, oder wenn falsche Rechnungen oder Auszüge aus solchen oder unrichtige andre Beläge zu diesen vorgelegt sind, oder wenn der Inhalt auf Tonnen, Säcken oder Paketen falsch angegeben ist.

Was oben hinsichtlich des Fehlens von Geld oder Geldeswert gesagt ist, findet auch Anwendung auf Korn, Futtervorräte, Materialien und ähnliche Gegenstände.

Wenn der vorgefundene Kassenmangel innerhalb 3 mal 24 Stunden gedeckt wird, so kann unter sonst mildernden Umständen von Erhebung der Anklage abgesehen werden, wenn das betreffende Ministerium seine Einwilligung dazu giebt.

§ 136. Einen Buchhalter, Revisor, Kassenkontrolleur oder sonstigen Beamten, von dem es sich herausstellt, dafs er einem Hebungsbeamten, zu dessen Beaufsichtigung er bestellt ist, durch die

Finger gesehen hat, trifft dieselbe Verantwortung und Strafe wie diesen.

§ 137. Ein Beamter, welcher Steuern oder andre öffentliche Abgaben zu erheben hat, soll, wenn er derartige Steuern oder Abgaben zu eigenem Vorteil verlangt oder erhebt, von denen er weifs, dafs sie entweder überhaupt nicht oder nur in geringerem Betrage geschuldet werden, mit Absetzung und unter erschwerenden Umständen zugleich mit Gefängnis oder Besserungshausarbeit bestraft werden.

§ 138. Ein Postbeamter, welcher ungesetzlich die zur Versendung mit der Post abgegebenen Briefe oder Pakete öffnet, vernichtet oder unterschlägt, oder wissentlich einen andern hierin unterstützt, wird, sofern nach der sonstigen Beschaffenheit der Handlung keine höhere Strafe verwirkt ist, mit Absetzung und unter erschwerenden Umständen zugleich mit Gefängnis oder Besserungshausarbeit bestraft.

§ 139. Ein Beamter, welcher das, was hinsichtlich seines Amtes geheim gehalten werden soll, offenbart, wird, soweit nach der sonstigen Beschaffenheit der Handlung keine höhere Strafe verwirkt ist, mit Bufsen, einfachem Gefängnis oder Absetzung bestraft.

§ 140. Einen Beamten, welcher vorsätzlich seine Untergebenen zu Übertretungen der Amtspflichten verleitet oder zu verleiten sucht, trifft die für diese Übertretungen bestimmte Strafe und er kann aufserdem je nach den Umständen seines Amtes verlustig erklärt werden, sofern diese Strafe nicht schon nach der Beschaffenheit des Verbrechens angedroht ist.

§ 141. Mifsbraucht ein Beamter in andern als den oben genannten Fällen seine amtliche Stellung zu eigenem Vorteil oder zur Vornahme einer Handlung, durch welche öffentliche oder private Rechte verletzt werden, so wird er, sofern nach der sonstigen Beschaffenheit der Handlung keine höhere Strafe verwirkt ist, mit Bufsen, einfachem Gefängnis oder Absetzung bestraft.

§ 142. Ein Beamter, welcher etwas, was ihm gesetzlich befohlen ist, auszuführen verweigert oder vorsätzlich auszuführen unterläfst, wird mit Bufsen, einfachem Gefängnis oder mit Absetzung bestraft.

§ 143. Nachlässigkeit oder Versäumnis in der Amtsführung, wofür nicht besonders eine Strafe in dem Gesetz angedroht ist, wird ebenfalls, wenn jemand sich öfters derselben schuldig macht, oder wenn grobe Nachlässigkeit oder Versäumnis nachgewiesen ist, mit Bufsen, einfachem Gefängnis, oder unter erschwerenden Umständen mit Absetzung bestraft.

§ 144. Was oben über Beamte und Amt festgesetzt ist, gilt zugleich hinsichtlich der „Angestellten“ (Bestillingsmaend) und der ihnen anvertrauten Stellungen, jedoch so, dafs die Strafe verhältnismäfsig herabgesetzt werden kann, und dafs an Stelle der Absetzung auf Angestellte Gefängnis oder Bufsen angewendet werden können.

Diese Bestimmungen gelten ferner nicht blofs hinsichtlich derer, welche in einem Amt oder einer Stellung fest angestellt sind, sondern auch hinsichtlich derer, denen die zeitweise Ausübung eines Amtes oder einer Stellung oder die Ausführung einer dazu gehörenden Verrichtung übertragen ist, jedoch so, daſs in den Fällen, in denen, wenn es sich um einen Beamten oder Angestellten handelte, dieser abgesetzt werden sollte, Gefängnis oder Buſsen an die Stelle treten.

14. Kapitel.

Meineid und damit verwandte Verbrechen.

§ 145. Ein Zeuge, welcher vor Gericht eidlich eine falsche Aussage abgibt, sei es, daſs die Beeidigung vor oder nach der Aussage erfolgt, oder diese im Hinblick auf einen früher geleisteten Eid abgegeben wird, wird mit Strafarbeit von 2—10 Jahren bestraft, soweit nicht eine höhere Strafe infolge der Beschaffenheit des durch die falsche Erklärung angerichteten oder beabsichtigten Übels verwirkt ist.

Widerruft der Zeuge aus eigenem Antrieb seine falsche Aussage, so kann ein niedrigerer Grad von Strafarbeit angewendet werden und unter besonders mildernden Umständen kann sogar auf Gefängnis bei Wasser und Brot, jedoch nicht unter 4 mal 5 Tagen, erkannt werden.

§ 146. Hat jemand, ohne beeidigt worden zu sein, eine falsche Erklärung vor Gericht abgegeben, so wird er mit Gefängnis bei Wasser und Brot, nicht unter 2 mal 5 Tagen, oder mit Besserungshausarbeit bestraft; jedoch kann unter besonders zu seinen Gunsten sprechenden Umständen auf einfaches Gefängnis nicht unter 2 Monaten erkannt werden. Widerruft er aus eigenem Antrieb seine falsche Aussage, so kann die Strafe auf 8 Tage einfaches Gefängnis herabgesetzt werden oder unter besonders mildernden Umständen ganz in Wegfall kommen.

§ 147. Hat jemand in einer öffentlichen Strafsache als Zeuge eine falsche Aussage abgegeben, so ist er, wenn es sich herausstellt, daſs die Sache ihn selbst anging, oder er wenigstens Grund hatte dies zu glauben, nicht zu bestrafen, vorausgesetzt, daſs die Aussage nicht durch einen Eid bekräftigt worden ist; ist er beeidigt worden, so kann Gefängnisstrafe angewendet werden.

Zeigt es sich im übrigen in Fällen, in denen jemand eine falsche Aussage vor Gericht abgegeben hat, daſs überhaupt auf Grund seines Verhältnisses zur Sache oder zu den Parteien ein Zeugnis nicht von ihm hätte verlangt werden dürfen, so sind die in den §§ 145 und 146 vorgeschriebenen Strafen herabzusetzen, und es können sogar, wenn eine Beeidigung nicht stattgefunden hat, unter mildernden Umständen Buſsen angewendet werden.

§ 148. Hat ein Zeuge es nur aus Unachtsamkeit unterlassen etwas mitzuteilen, was zur Aufklärung der Sache dienen konnte, so wird er mit Gefängnis oder unter besonders mildernden Umständen mit Buſsen bestraft.

§ 149. Wenn Personen, welche vom Gericht, von der Obrigkeit oder sonst einer öffentlichen Behörde dazu bestellt sind Augenscheine einzunehmen, Gutachten abzugeben oder Schätzungen vorzunehmen, unter Eid oder unter ausdrücklicher Bezugnahme auf einen früher geleisteten Eid das Ergebnis eines solchen Augenscheines, oder einer solchen Schätzung gegen ihre Überzeugung angeben oder gegen ihre Überzeugung das Gutachten erstatten, so sind sie wie Zeugen zu bestrafen, welche ein falsches Zeugnis abgegeben haben.

Machen sich solche Personen weniger bedeutender Versehen schuldig, so sind sie mit Gefängnis oder unter besonders mildernden Umständen mit Bufsen zu bestrafen.

§ 150. Hat eine Partei vor Gericht ihre Aussage mit einem falschen Eid bekräftigt, so ist sie wie ein Zeuge zu bestrafen, der ein falsches Zeugnis abgegeben hat. Hat sie sich jedoch durch einen solchen falschen Eid nur selbst vor Strafe schützen wollen, so kann die Strafe unter Umständen sogar bis auf den niedrigsten Grad von Besserungshausarbeit oder soweit die Voraussetzungen für § 145 Abs. 2 vorliegen, auf 2 mal 5 Tage Gefängnis bei Wasser und Brot herabgesetzt werden.

§ 151. Macht jemand, der aufser oben genannten Fällen vor einer öffentlichen Behörde etwas mit seinem Eide zu bekräftigen hat, sich eines Meineides schuldig, so ist er mit Besserungshausarbeit zu bestrafen. Widerruft er aus eigenem Antrieb seine falsche Aussage, so kann die Strafe unter mildernden Umständen auf Gefängnis bei Wasser und Brot von 2 mal 5 Tagen herabgesetzt werden.

§ 152. Die oben gegebenen Bestimmungen gelten auch sowohl hinsichtlich der schriftlichen Abgabe einer falschen Versicherung unter Bezugnahme auf einen früher geleisteten Eid als auch hinsichtlich der eidlichen Abgabe einer solchen Versicherung in den Fällen, in denen die Gesetze die Anwendung eines schriftlichen Eides zulassen.

§ 153. Die oben angeführten Strafbestimmungen sind ebenfalls auf diejenigen anwendbar, welche entweder einen Eid auf andre als die gewöhnliche im Gesetz vorgeschriebene Weise leisten, oder eine Versicherung abgeben, die an Eidesstatt tritt.

§ 154. Wer in den Fällen, in denen das Gesetz dies zuläfst, eine Erklärung unter dem Anerbieten der Eidesleistung oder auf Treu und Glauben abgiebt, wird, wenn sich die Unwahrheit der Erklärung herausstellt, mit Gefängnis oder unter mildernden Umständen mit Bufsen bestraft, soweit nicht etwa besondere gesetzliche Bestimmungen eine andre Strafe vorschreiben.

§ 155. Giebt jemand sonst in öffentlichen Rechtsverhältnissen eine falsche schriftliche Erklärung ab oder bezeugt er schriftlich etwas, worüber er keine Kundschaft hat, so ist er mit Bufsen oder Gefängnis zu bestrafen, sofern nach der Beschaffenheit der Handlung keine höhere Strafe verwirkt ist.

15. Kapitel.

Verbrechen in Bezug auf die Religion.

§ 156. Wer die Glaubenslehren oder die Gottesverehrung einer der im Lande bestehenden Religionsgesellschaften verspottet oder verhöhnt, wird mit Gefängnis und zwar nicht unter 1 Monat einfachem Gefängnis oder unter besonders mildernden Umständen mit Bufsen bestraft.

§ 157. Verhindert jemand mit Gewalt oder durch Drohung mit solcher die Abhaltung eines Gottesdienstes oder die Vornahme einer andern öffentlichen kirchlichen Handlung, so wird er mit Gefängnis oder mit Besserungshausarbeit bis zu 1 Jahr bestraft. Wer durch Erregung von Lärm oder Unordnung den Gottesdienst oder einzelne religiöse Handlungen verhindert oder stört, wird mit Bufsen oder Gefängnis bestraft.

§ 158. Wer den Grabfrieden stört, wird, soweit nach der sonstigen Beschaffenheit der Handlung keine höhere Strafe verwirkt ist, mit Gefängnis bestraft.

16. Kapitel.

Verbrechen wider die Sittlichkeit.

§ 159. Wer sich des Ehebruches schuldig macht, wird mit Gefängnis oder im Fall, dafs die eheliche Gemeinschaft aufgehoben ist und sonst mildernde Umstände vorliegen, mit Bufsen bestraft. Öffentliche Klage wird nur erhoben, wenn der andre Ehegatte es verlangt.

§ 160. Eine verheiratete Person, welche eine Ehe eingeht, wird mit Strafarbeit von 2—6 Jahren bestraft; jedoch kann die Strafe unter besonders mildernden Umständen auf den niedrigsten Grad von Besserungshausarbeit oder sogar, wenn die eheliche Gemeinschaft längere Zeit infolge der Separationsbewilligung aufgehoben war, sowie wenn der Ehegatte Anlafs hatte anzunehmen, dafs der andre Ehegatte gestorben sei, auf Gefängnis bei Wasser und Brot doch nicht unter 4 mal 5 Tage herabgesetzt werden. Eine unverheiratete Person, welche eine Ehe mit einer verheirateten Person, wissend, dafs diese verheiratet ist, eingeht, wird mit Besserungshausarbeit bis zu 2 Jahren oder unter besonders mildernden Umständen mit Gefängnis bei Wasser und Brot nicht unter 2 mal 5 Tagen bestraft. Ist die vorher unverheiratete Person bei Eingehung der Ehe in Unkenntnis hierüber, setzt sie aber, nachdem sie Kenntnis davon erlangt hat, die eheliche Gemeinschaft fort, so ist Gefängnisstrafe in Anwendung zu bringen.

§ 161. Wird der Beischlaf zwischen Verwandten auf- und absteigender Linie vollzogen, so werden erstere mit Strafarbeit von 4 bis zu 10 Jahren und letztere mit Besserungshausarbeit oder unter mildernden Umständen mit Gefängnis bei Wasser und Brot nicht unter 4 mal 5 Tagen bestraft.

§ 162. Wer mit seinem Stiefkind oder dessen Abkömmlingen oder mit seinem Schwiegerkind oder dem Schwiegerkind seiner Verwandten in absteigender Linie den Beischlaf vollzieht, wird mit Strafarbeit bis zu 6 Jahren bestraft, und es soll derjenige, welcher Geschlechtsverkehr mit seinen oder seiner Eltern Stiefeltern oder mit Eltern oder Verwandten seines Ehegatten in aufsteigender Linie hat, mit Besserungshausarbeit bis zu 2 Jahren bestraft werden; jedoch kann die Strafe, was Stiefkinder und deren Abkömmlinge anbelangt, unter mildernden Umständen auf Gefängnis und zwar nicht unter 2 Monaten einfachem Gefängnis herabgesetzt werden.

§ 163. Wer mit einer Person zu der er in einem durch aufsereehelichen Geschlechtsverkehr begründeten Schwägerschaftsverhältnis der im vorhergehenden Paragraphen erwähnten Art steht, den Beischlaf vollzieht, wird mit Gefängnis, doch nicht unter 1 Monat einfachem Gefängnis bestraft.

§ 164. Der Beischlaf zwischen voll- oder halbbürtigen Geschwistern wird mit Strafarbeit bis zu 6 Jahren bestraft; jedoch kann die Strafe, wenn die Verwandtschaft eine aufsereheliche ist, auf Gefängnis und zwar nicht unter 2 Monaten einfaches Gefängnis herabgesetzt werden.

§ 165. Üben diejenigen, welche so verwandt oder verschwägert sind, dafs sie nur mit Erlaubnis eine Ehe mit einander eingehen können, den Beischlaf mit einander aus, so werden sie mit Gefängnis oder Bufsen bestraft. Dieselbe Strafe wird auf derartig Verwandte oder Verschwägerte angewendet, wenn sie mit einander eine Ehe eingehen ohne vorher die vorgeschriebene Erlaubnis erwirkt zu haben.

§ 166. Wer seine Stellung mifsbraucht um sein Pflegekind, sein Mündel oder eine ihm zum Unterricht und zur Erziehung anvertraute Frauensperson zum Beischlaf zu verführen, wird mit Strafarbeit bis zu 6 Jahren oder unter mildernden Umständen mit Gefängnis bei Wasser und Brot nicht unter 2 mal 5 Tagen bestraft. Die Strafe kommt jedoch in Wegfall, wenn eine Ehe nachfolgt.

§ 167. Ein Verwalter, Vorsteher oder Aufseher an einem Gefängnis, einer Strafanstalt, einem Armenhaus, einer Pflege- oder Heilanstalt oder einer ähnlichen Einrichtung, welcher mit einer unter seiner Aufsicht stehenden Frauensperson Unzucht treibt, wird mit Gefängnis oder unter erschwerenden Umständen mit Strafarbeit bis zu 2 Jahren bestraft.

§ 168. Wer sich durch Gewalt oder durch Drohungen mit gegenwärtiger lebensgefährlicher Gewalt den Beischlaf mit einer unbescholtenen Frauensperson erzwingt, wird mit Strafarbeit nicht unter 4 Jahren oder unter besonders erschwerenden Umständen mit dem Tode bestraft. Wendet sich ein derartiges Vorgehen gegen eine bescholtene Frauensperson, so ist eine verhältnismäfsig niedrigere Strafe anzuwenden, jedoch nicht unter 2 Jahre Besserungshausarbeit.

§ 169. Verschafft sich jemand den Beischlaf mit einer Frauensperson durch Drohungen, welche zwar nicht zu den im § 168 erwähnten gerechnet werden können, von denen sie aber berechtigter Weise annehmen konnte, dafs sie mit Gefahr für Leben, Gesundheit oder Wohlfahrt ihrer selbst oder ihrer Nächsten verknüpft seien, so ist Strafarbeit bis zu 8 Jahren anzuwenden.

§ 170. Wer sich den Beischlaf mit einer Frauensperson verschafft, welche sich in einem Zustand befindet, in welchem sie des freien Gebrauchs ihres Willens beraubt ist oder in dem sie aufser Stande ist, sich der That zu widersetzen, wird, wenn er selbst in der genannten Absicht einen derartigen Zustand herbeigeführt hat, auf dieselbe Weise wie im § 168 angegeben, bestraft; andernfalls ist Strafarbeit bis zu 8 Jahren oder, wenn die Frauensperson bescholten ist, unter mildernden Umständen Gefängnis bei Wasser und Brot in Anwendung zu bringen.

§ 171. Bemächtigt sich jemand mit List oder Gewalt einer Frauensperson um sie zur Unzucht zu bringen, so wird er mit Strafarbeit bis zu 8 Jahren bestraft; diese Strafe kann jedoch, sofern die Frauensperson bescholten ist, unter mildernden Umständen auf Gefängnis bei Wasser und Brot nicht unter 4 mal 5 Tage herabgesetzt werden.

Geschieht es, um sie zur Ehe zu bringen, so ist eine nach den Umständen bis auf die Hälfte ermäfsigte Strafe anzuwenden.

§ 172. Wer eine Frauensperson zur Gestattung des Beischlafes dadurch verleitet, dafs er sie glauben macht, es sei eine giltige Ehe abgeschlossen, oder dadurch, dafs er sich eines Irrtumes bei ihr bedient, in dem sie den Beischlaf für einen ehelichen hält, wird mit Strafarbeit bis zu 8 Jahren bestraft.

§ 173. Treibt jemand Unzucht mit einem Mädchen unter 12 Jahren, so wird er mit Strafarbeit bis zu 8 Jahren bestraft, sofern nach der sonstigen Beschaffenheit der Handlung keine höhere Strafe verwirkt ist.

§ 174. Wer ein Mädchen im Alter von 12—16 Jahren zur Unzucht verführt, wird mit Gefängnis und zwar nicht unter 2 Monaten einfachem Gefängnis oder unter erschwerenden Umständen mit Strafarbeit bis zu 4 Jahren bestraft. Klage wird jedoch nur auf Antrag der Eltern oder Vormünder erhoben.

§ 175. Wer eine unverheiratete Frauensperson unter 18 Jahren mit ihrem Willen aber ohne Einwilligung ihrer Eltern oder Vormünder, entführt, um Unzucht mit ihr zu treiben oder um eine Ehe mit ihr einzugehen, wird mit Gefängnis und zwar nicht unter 1 Monat einfachem Gefängnis, oder, wenn die Absicht war, Unzucht mit ihr zu treiben und unter sonst erschwerenden Umständen, mit Besserungshausarbeit bis zu 1 Jahr bestraft.

Klage wird jedoch nur auf Antrag der Eltern oder Vormünder erhoben und fällt weg, wenn der Betreffende mit Einwilligung der Eltern oder Vormünder das Mädchen heiratet.

§ 176. Macht sich jemand unter den in den §§ 161—170, 173 und 174 behandelten Voraussetzungen eines unsittlichen Verhältnisses schuldig, ohne dafs ein geschlechtlicher Verkehr stattfindet, so ist eine verhältnismäfsig geringere Strafe anzuwenden.

§ 177. Die widernatürliche Unzucht wird mit Besserungshausarbeit bestraft.

§ 178. Wenn Personen verschiedenen Geschlechts, entgegen der obrigkeitlichen Aufforderung sich zu trennen, fortfahren ein ärgerniserregendes Zusammenleben zu führen, so werden sie mit Gefängnis bestraft.

§ 179. Giebt eine Frauensperson fälschlich jemand für den Vater ihres Kindes aus, so ist sie mit Gefängnis oder unter mildernden Umständen mit Bufsen zu bestrafen. Dieselbe Strafe kann auf einen Mann angewendet werden, welcher fälschlich sich für den Vater eines Kindes ausgiebt, sowie auf eine Frauensperson, welche sich fälschlich für die Mutter eines fremden Kindes ausgiebt.

§ 180. Frauenspersonen, welche entgegen der Warnung der Polizei, Erwerb durch Unzucht suchen, werden mit Gefängnis bestraft.

§ 181. Wenn jemand der weifs oder vermutet, dafs er mit einer ansteckenden venerischen Krankheit behaftet ist, mit einer andern Person Unzucht übt, so ist Gefängnisstrafe oder unter erschwerenden Umständen Besserungshausarbeit anzuwenden.

§ 182. Diejenigen, welche sich der Kuppelei schuldig machen, sowie diejenigen, welche gegen Bezahlung Personen verschiedenen Geschlechts Zutritt zu ihren Wohnungen geben, um dort Unzucht zu treiben, oder welche entgegen dem Verbot der Polizei Frauenspersonen beherbergen, welche sich durch Liederlichkeit ernähren, werden mit Besserungshausarbeit oder Gefängnis bei Wasser und Brot bestraft.

§ 183. Eltern, Vormünder, Lehrer oder andre, welche ihre Kinder, Mündel oder die ihrer Fürsorge oder Erziehung anvertrauten Personen zur Liederlichkeit verführen, werden mit Strafarbeit bis zu 6 Jahren bestraft. Der Ehegatte, welcher seine Frau zu unzüchtigem Umgang mit andern zwingt, oder ohne Wissen und Willen ihrerseits andern Gelegenheit gibt, den Beischlaf mit ihr zu vollziehen, wird mit Besserungshausarbeit bestraft. Treibt er seine Frau seines Vorteils wegen zum unzüchtigen Umgang mit andern an, so wird er mit Gefängnis bei Wasser und Brot bestraft.

§ 184. Wer eine unzüchtige Schrift veröffentlicht, wird mit Gefängnis oder Bufsen bestraft. Dieselbe Strafe kann auf den angewendet werden, welcher unzüchtige Abbildungen verkauft, austeilt oder auf andre Weise verbreitet.

§ 185. Wer durch unsittliches Verhalten das Schamgefühl verletzt oder öffentliches Ärgernis erregt, wird mit Gefängnis bei Wasser und Brot oder mit Besserungshausarbeit bestraft.

17. Kapitel.

Tötung (Manddrab).

§ 186. Wer einen andern Menschen vorsätzlich des Lebens beraubt, wird mit 8jähriger bis lebenslänglicher Zuchthausarbeit oder unter erschwerenden Umständen mit dem Tode bestraft.

§ 187. Hatte der Getötete den Thäter durch eine gegen diesen selbst oder gegen dessen nächste Angehörige gerichtete Mifshandlung oder schwere Beleidigung in eine erregte Gemütsstimmung versetzt und hatte der Thäter in dieser die That verübt, so kann die Strafe bis auf 2 Jahre Besserungshausarbeit oder unter besonders mildernden Umständen bis auf Gefängnis nicht unter 1 Jahr gemildert werden.

§ 188. Hat eine vorsätzlich zugefügte Körperverletzung den Tod zur Folge gehabt, und hat der Thäter, obgleich er den Tod nicht gewollt hat, diesen doch als eine natürliche oder nicht unwahrscheinliche Folge seiner That voraussehen müssen, so wird er mit Strafarbeit von 2—12 Jahren bestraft.

§ 189. Hat derjenige, welcher durch eine vorsätzlich zugefügte Körperverletzung den Tod eines andern verursacht, die That in einer seitens des Getöteten in ihm durch eine gegen ihn selbst oder gegen seine nächsten Angehörigen gerichtete Mifshandlung oder schwere Beleidigung hervorgerufenen erregten Gemütsstimmung verübt, so kann die Strafe unter sonst mildernden Umständen sogar auf Gefängnis, doch nicht unter 6 Monate einfaches Gefängnis herabgesetzt werden.

§ 190. Wer mit Überlegung einen andern Menschen des Lebens beraubt, wird mit dem Tode bestraft.

§ 191. Wenn jemand vorsätzlich seinen Verwandten in aufsteigender Linie oder seinen Ehegatten, mit dem er zusammen lebt, tötet, so ist er des Todes schuldig oder wird mit lebenslänglicher Zuchthausarbeit bestraft. Unter besonders mildernden Umständen kann die Strafe jedoch bis auf 8jährige Zuchthausarbeit und in dem im § 187 genannten Fall sogar bis auf zwei Jahre Strafarbeit herabgehen.

§ 192. Eine Mutter, welche vorsätzlich ihr uneheliches Kind während oder gleich nach der Geburt tötet, wird mit Strafarbeit von 2—12 Jahren bestraft. Wurde jedoch der Entschlufs, die That zu verüben, schon vor der Geburt gefafst, so ist auf 4jährige bis lebenslängliche Strafarbeit zu erkennen.

§ 193. Eine schwangere Frauensperson, welche vorsätzlich ihre Leibesfrucht abtreibt oder im Mutterleib tötet, wird mit Strafarbeit bis zu 8 Jahren bestraft.

Dieselbe Strafe trifft denjenigen, welcher im Einverständnis mit der Mutter zu diesem Zweck Mittel mit dem erwähnten Erfolge bei ihr in Anwendung bringt.

Geschieht dies ohne ihr Wissen und Wollen, so wird der Thäter mit Strafarbeit von 4—16 Jahren und unter besonders erschwerenden Umständen mit lebenslänglicher Strafarbeit bestraft.

§ 194. Wenn eine aufserehelich geschwängerte Frauensperson heimlich niederkommt und hierauf das Kind tot befunden wird, ohne dafs nachgewiesen werden kann, dafs der Tod vor der Geburt eingetreten ist, so wird sie, sofern sie durch ihr Verhalten im übrigen keine schwerere Strafe verwirkt hat, mit Besserungshausarbeit oder unter mildernden Umständen mit Gefängnis, doch nicht unter 4 Monaten einfachem Gefängnis bestraft.

§ 195. Zeigt eine aufserehelich geschwängerte Frauensperson sonst ein unverantwortliches Benehmen bei der Geburt, und wird das Kind nachher als tot befunden, ohne dafs nachgewiesen werden kann, dafs der Tod vor der Geburt eingetreten ist, wird sie mit Besserungshausarbeit bis zu 2 Jahren oder unter mildernden Umständen mit Gefängnis, doch nicht unter 2 Monaten einfachem Gefängnis bestraft.

§ 196. Wer einen andern auf dessen bestimmtes Verlangen hin tötet, wird mit Besserungshausarbeit oder unter besonders mildernden Umständen mit Gefängnis, doch nicht unter 2 Monaten einfachem Gefängnis bestraft.

§ 197. Wer ein kleines Kind aussetzt oder eine seiner Obhut anvertraute Person in hilflosem Zustande verläfst, wird mit Besserungshausarbeit oder unter mildernden Umständen, namentlich wenn die That keine Gefahr für das Leben oder die Gesundheit der betreffenden Person mit sich geführt hat, mit Gefängnis nicht unter 2 Monaten bestraft.

Hat die Handlung den Tod des ausgesetzten Kindes oder der verlassenen Person oder eine schwere Körperverletzung (§ 204) herbeigeführt, ohne dafs dies jedoch beabsichtigt war, kann die Strafe bis auf Zuchthausarbeit von 12 Jahren steigen.

§ 198. Wer durch Fahrlässigkeit den Tod eines andern verursacht, wird, sofern nicht nach der Beschaffenheit der Handlung eine höhere Strafe verwirkt ist, mit Gefängnis, doch nicht unter 14 Tagen einfachem Gefängnis, oder mit Bufsen nicht unter 20 Rd. bestraft.

Unter besonders erschwerenden Umständen kann Besserungshausarbeit bis zu 2 Jahren in Anwendung kommen.

§ 199. Unterläfst es jemand, einem andern, der sich in Lebensgefahr befindet, zu Hilfe zu kommen, obgleich es ihm ohne Gefahr für sein Leben oder seine Gesundheit möglich war, so wird er, wenn der andre das Leben verliert, mit Gefängnis oder mit Bufsen bestraft. Dieselbe Strafe trifft denjenigen, welcher nicht für die Anwendung der den Umständen nach möglichen Rettungsmittel an Erhängten, Ertrunkenen oder auf andre Weise dem Anscheine nach Umgekommene sorgt.

18. Kapitel.

Gewalt gegen Personen und Körperverletzungen.

§ 200. Wer gegen einen andern Hieb oder Schlag führt oder ihn mit sonstiger persönlicher Gewalt überfällt, ohne ihm jedoch eine Wunde oder sonstigen Schaden zuzufügen, wird, wenn der Angegriffene es beantragt, mit Bufsen bestraft; jedoch kann je nach den Umständen Gefängnisstrafe verhängt werden, namentlich wenn die Gewalt mit Überlegung ausgeübt wurde.[1])

§ 201. Wird die Gewalt gegen Verwandte in aufsteigender Linie verübt, so wird der Schuldige mit Gefängnis bestraft und zwar nicht unter 4 Monaten einfachem Gefängnis (vgl. § 25) oder mit Besserungshausarbeit bis zu 2 Jahren.

§ 202. Wer seinen Ehegatten, mit dem er zusammen lebt, mifshandelt, wird, auch wenn die Mifshandlung weder eine Wunde noch andern Schaden hinterläfst, mit Gefängnis oder unter erschwerenden Umständen mit Besserungshausarbeit bis zu 2 Jahren bestraft.

Ebenso wird bestraft, wer seine eigenen oder die seiner Fürsorge anvertrauten Kinder mifshandelt.

§ 203. Wenn jemand einem andern eine Wunde oder einen Schaden an seiner Gesundheit zufügt, welcher jedoch von keiner so grofsen Bedeutung ist wie der im § 204 besagte, so wird er mit Gefängnis oder unter erschwerenden Umständen mit Strafarbeit bestraft, welche in den im §§ 201 und 202 behandelten Fällen sogar bis auf 4 Jahre steigen kann.

Ist die Gewalthandlung nicht mit Überlegung ausgeführt, so kann die Strafe doch unter sonst mildernden Umständen auf Bufsen herabgesetzt werden, doch nicht unter 20 Rd.

In den hier behandelten Fällen kann auf Verlangen des Angegriffenen die Strafverfolgung unterbleiben, wenn der Schaden ein unbedeutender war.

§ 204. Verstümmelt jemand einen andern, beraubt ihn des Augenlichtes oder des Gehörs, oder fügt ihm einen derartigen Schaden zu, dafs Hand, Fufs, Auge oder sonst ein Glied von gleicher Wichtigkeit unbrauchbar wird, oder dafs seine geistigen oder körperlichen Kräfte im übrigen so geschwächt werden, dafs er entweder auf immer oder auf längere unbestimmte Zeit nicht mehr seinen Berufspflichten oder seiner täglichen Beschäftigung nachgehen kann, so wird der Schuldige, wenn er entweder einen solchen Schaden gewollt hat oder ihn doch als eine natürliche oder doch nicht unwahrscheinliche Folge seiner That (Gjerning) hat voraussehen müssen, mit Strafarbeit bis zu 12 Jahren bestraft.

§ 205. Wurde die im § 204 behandelte Gewaltthat in einer durch eine schwere Beleidigung des Thäters oder seiner nächsten

---

[1]) Vgl. preufs. St.G.B.: „Wer vorsätzlich einen andern stöfst oder schlägt oder demselben eine andre Mifshandlung oder Verletzung des Körpers zufügt . . . .“

Angehörigen durch den Überfallenen hervorgerufenen erregten Gemütsstimmung verübt, so kann die Strafe unter sonst mildernden Umständen auf Gefängnis herabgesetzt werden, doch nicht unter 3 Monate einfaches Gefängnis.

§ 206. Haben zwei oder mehrere Personen einander gegenseitig Hieb, Schlag oder sonstige Gewaltthätigkeiten zugefügt, die unter § 200 fallen und aus dem Anlafs eine Strafverfolgung stattfindet, so kann nach den Umständen die strafrechtliche Verantwortung für eine oder beide Parteien wegfallen. Werden die im § 204 behandelten Beschädigungen im Raufhandel zugefügt, so kann die Strafe unter sonst mildernden Umständen sogar bis auf 2 Monate einfaches Gefängnis herabgesetzt werden.

§ 207. Derjenige, dessen Fahrlässigkeit Ursache ist, dafs einem andern eine körperliche Beschädigung der im § 204 erwähnten Art zugefügt wird, wird mit Gefängnis oder Bufsen bestraft.

19. Kapitel.

Duell.

§ 208. Wer sich duelliert, wird mit einfachem Gefängnis bestraft.

Wenn jemand einen andern im Duell tötet oder ihm eine bedeutende Körperverletzung (§ 204) zufügt, so beträgt die Strafe wenigstens 3 Monate Gefängnis.

War es von den Parteien vereinbart, dafs der Kampf bis zur Tötung des einen fortgesetzt werden sollte, so kann die Strafe bis zu 5 Jahren Staatsgefängnis steigen.

Hat jemand beim Duell durch vorsätzliche Übertretung des Herkommens oder der Vereinbarung den Tod des andern verursacht oder ihm eine Körperverletzung zugefügt, so ist nach Lage des Falles die allgemein vorgeschriebene Strafe anzuwenden.

§ 209. Sekundanten werden mit einfachem Gefängnis nicht unter 2 Monaten bestraft, wenn sie wufsten, dafs das Duell bis zum Tode des einen fortgesetzt werden sollte und sie sich doch nicht der Ausführung einer solchen Übereinkunft widersetzt haben, oder wenn sie vorsätzlich die Pflichten übertreten, welche ihnen nach Herkommen oder Vereinbarung obliegen.

20. Kapitel.

Freiheitskränkungen.

§ 210. Wer einen andern durch Gewalt oder durch Drohung mit Gewalt zwingt etwas zu thun, zu dulden oder zu unterlassen, wird, soweit das Verhältnis nach seiner Beschaffenheit keine höhere Strafe mit sich führt, mit Bufsen oder Gefängnis oder unter erschwerenden Umständen mit Besserungshausarbeit bis zu 1 Jahr bestraft.

§ 211. Wer einen andern widerrechtlich bindet oder einsperrt oder ihn auf andre Weise seiner persönlichen Freiheit beraubt, wird mit Gefängnis oder unter erschwerenden Umständen mit Besserungshausarbeit bis zu 2 Jahren bestraft. Hat die Handlung eine Freiheitsberaubung von längerer Dauer zur Folge oder hat sie schädlichen Einflufs auf den Geistes- oder Körperzustand des Verletzten gehabt, ist jemand in fremde Lande entführt, an einen abgesonderten Ort versetzt worden, von dem er nicht ohne fremde Hilfe entkommen konnte, oder ist er der Gewalt von Personen unterstellt worden, die kein Verfügungsrecht über ihn haben, so kann ein höherer Grad von Strafarbeit angewendet werden, ja die Strafe kann unter besonders erschwerenden Umständen bis zu Zuchthausarbeit von 12 Jahren steigen.

§ 212. Öffentliche Klage wird in den im § 210 und 211 Abs. 1 behandelten Fällen nur erhoben, wenn anzunehmen ist, dafs nach der Handlung des Schuldigen auf eine höhere Strafe als Bufsen oder einfaches Gefängnis erkannt werden wird.

Falls öffentliche Klage erhoben ist, die Gerichte aber finden, dafs das Verhalten des Schuldigen keine höhere Strafe rechtfertigt, so ist Strafe nur anzuwenden, wenn der Verletzte die Verurteilung des Angeklagten verlangt.

§ 213. Entzieht jemand durch List oder Gewalt ein Kind unter 15 Jahren seinen Eltern oder den sonst zuständigen Personen, so wird er mit Gefängnis und zwar nicht unter 2 Monaten einfachem Gefängnis oder, unter erschwerenden Umständen, namentlich wenn er eigennützige oder unsittliche Zwecke verfolgte, mit Strafarbeit bis zu 8 Jahren bestraft.

§ 214. Hinsichtlich der Strafe für Handel mit Negern und der Teilnahme an diesem Verbrechen verbleibt es bei den Vorschriften in der Verordnung vom 3. Juli 1835 in Verbindung mit Kapitel 2, §§ 11—16 dieses Gesetzes.

21. Kapitel.

Beleidigungen.

§ 215. Wer die Ehre eines andern dadurch verletzt, dafs er ihm unbegründet Handlungen zuschreibt, welche ihn der Achtung seiner Mitbürger unwürdig machen würden, oder dadurch, dafs er ihm Benennungen gibt, welche nur durch derartige Handlungen gerechtfertigt wären, wird mit Bufsen von 20 bis 500 Rd. oder mit einfachem Gefängnis von 14 Tagen bis zu 6 Monaten bestraft.

§ 216. Geschieht es in einer Druckschrift oder auf eine andre Weise, durch die die Beleidigung eine gröfsere Verbreitung erhält, oder an Orten oder zu Zeiten, welche das Verletzende in der Äufserung in hohem Grade erhöhen, so wird der Schuldige mit einfachem Gefängnis nicht unter 3 Monaten oder mit Bufsen nicht unter 100 Rd. bestraft.

§ 217. Für andre unbegründete Beschuldigungen, welche den Angegriffenen in der Achtung seiner Mitbürger herabsetzen müssen, sowie für ungebührliche Äufserungen oder Schimpfworte und für jede durch Mienen oder Gebärden oder auf andre Weise verübte Beleidigung werden Bufsen bis zu 500 Rd. oder einfaches Gefängnis bis zu 6 Monaten angewendet.

§ 218. In den in den §§ 215—217 behandelten Fällen sind aufserdem auf Verlangen des Beleidigten die verletzenden Auslassungen für null und nichtig zu erklären.

§ 219. Wird die Beleidigung dem Thäter zurückgegeben, so können die Gerichte entweder bei beiden Personen oder bei einer derselben eine geringere Strafe anwenden oder sogar von jeder Bestrafung absehen.

§ 220. Wer durch öffentliche Mitteilungen über persönliche und häusliche Verhältnisse den Frieden des Privatlebens stört, wird mit Bufsen von 10—200 Rd. oder mit einfachem Gefängnis bis zu 3 Monaten bestraft.

§ 221. Wer den Hausfrieden dadurch stört, dafs er widerrechtlich in die Wohnung eines andern eindringt oder sich weigert, dieselbe auf Aufforderung zu verlassen, wird mit Bufsen bis zu 200 Rd. oder mit einfachem Gefängnis bis zu 3 Monaten bestraft.

§ 222. Dieselbe Strafe trifft den, der das Briefgeheimnis bricht.

§ 223. Die Verfolgung der in diesem Kapitel genannten Handlungen kann nur von dem Beleidigten oder dessen gesetzlichem Vertreter herbeigeführt werden.

Ist der, bezüglich dessen die beleidigenden Äufserungen gebraucht wurden, gestorben, so sind sein Ehegatte, seine Eltern, Kinder oder Geschwister berechtigt, die Verfolgung herbeizuführen, wobei es sich gleich bleibt, ob die Beleidigung zu seinen Lebzeiten oder nach seinem Tode verübt worden ist.

22. Kapitel.

Falsche Anzeigen und Klagen.

§ 224. Wer durch eine falsche Anzeige wegen einer Gesetzesverletzung das Einschreiten der öffentlichen Gewalt veranlafst, wird, sofern kein andres Übel damit beabsichtigt war, mit Gefängnis oder Bufsen bestraft.

§ 225. Wer wider besseres Wissen jemand bei der Obrigkeit wegen eines Verbrechens, dessen er nicht schuldig ist, anzeigt, wird mit Gefängnis oder nach den Umständen, namentlich wenn das betreffende Verbrechen im Gesetz mit Todesstrafe oder Strafarbeit bedroht ist, mit Strafarbeit bis zu 6 Jahren bestraft.

§ 226. Wer an den König, eine der gesetzgebenden Versammlungen, an die Ministerien oder an die Obrigkeit eine offensichtlich falsche Klage einreicht, wird mit Gefängnis oder Bufsen, oder unter erschwerenden Umständen mit Besserungshausarbeit bis zu 1 Jahr bestraft, soweit nicht nach der Schlufsbestimmung im § 225 eine höhere Strafe verwirkt ist.

Ist es ein Rechtsanwalt oder ein Beamter, welcher sich eines derartigen Versehens schuldig macht, andre dazu verleitet oder ihnen dabei behilflich ist, so ist nach den Umständen auch auf Absetzung zu erkennen.

§ 227. Kleidet jemand eine Eingabe oder eine Klage an den König, eine der gesetzgebenden Versammlungen, an die Ministerien oder an die Obrigkeit in ungebührliche und unpassende Ausdrücke, so ist er mit Bufsen zu bestrafen.

Dieselbe Strafe trifft den, welcher sich auf einer Eingabe oder einer Klage unrichtigerweise als Verfasser angibt.

23. Kapitel.

Heimlicher und offener Diebstahl. (Tyveri og Ran.)

§ 228. Wer sich eines einfachen Diebstahls schuldig macht, wird das erste Mal mit Gefängnis bei Wasser und Brot nicht unter 5 Tagen bestraft; jedoch kann die Strafe unter erschwerenden Umständen, namentlich wenn das Gestohlene von bedeutendem Werte ist, wenn ein Siegel erbrochen oder ein Verschlufs mit Gewalt, mit Dietrichen, falschen Schlüsseln oder durch List erlangten Schlüsseln geöffnet worden ist, wenn der Diebstahl gegen Schiffbrüchige, während eines Brandes oder während ähnlicher Unglücksfälle verübt worden ist, oder wenn der Thäter im Dienste des Bestohlenen stand oder sein sonstiges Verhältnis zu dem Bestohlenen ihm besondere Gelegenheit zur Begehung des Diebstahls verschafft hat, auf Besserungshausarbeit bis zu 2 Jahren steigen.

§ 229. Folgende Diebstähle werden als schwere angesehen und haben bei der ersten Begehung Strafarbeit bis zu 8 Jahren zur Folge:

1. Wenn jemand auf dem Felde Pferde, Vieh oder Schafe stiehlt;
2. wenn jemand in einer Kirche Sachen stiehlt, welche der Kirche gehören oder zum Gebrauch bei kirchlichen Handlungen bestimmt sind, ferner wenn jemand den Opferstock aufbricht und aus demselben stiehlt;
3. wenn jemand etwas stiehlt, was mit der Post verschickt wird, während es sich im Gewahrsam des Postwesens befindet; wozu auch die Wegnahme von Briefen gerechnet wird;
4. wenn der Dieb sich durch Gewalt, durch Dietriche, durch falsche oder durch List erlangte Schlüssel Eingang in ein Haus, den dazu gehörigen Hof, in Zimmer, abgeschlossene Speicher und Kellerräume oder in ein Schiff verschafft hat, oder wenn das durch Übersteigen von Häusern, Mauern oder ähnlichen Absperrungen oder durch Einsteigen durch Fenster, Schornsteine oder andre derartige Öffnungen, welche nicht zum Eingang bestimmt sind, geschehen ist. Hat der Dieb auf eine der angeführten Arten zur Nachtzeit

sich Eingang in einen bewohnten Raum oder in bewohnte Teile eines Gebäudes verschafft, oder hat er sich ebenda eingeschlichen, um zur Nachtzeit dort zu stehlen, so hat dies bei der Ausmessung der Strafe als erschwerender Umstand in Betracht zu kommen;

5. wenn der Dieb darauf vorbereitet war, zu seiner Verteidigung von Waffen oder andern gefährlichen Werkzeugen Gebrauch zu machen.

§ 230. Wer, nachdem er einmal wegen Diebstahls verurteilt worden ist, sich eines einfachen Diebstahls schuldig macht, wird mit Gefängnis bei Wasser und Brot nicht unter 3mal 5 Tagen oder mit Besserungshausarbeit bis zu 4 Jahren bestraft.

Hat er sich eines schweren Diebstahls schuldig gemacht, so ist Strafarbeit bis zu 10 Jahren in Anwendung zu bringen.

§ 231. Stellt es sich heraus, dafs jemand, der früher 2 Mal wegen Diebstahls verurteilt worden ist, sich danach eines einfachen Diebstahls schuldig gemacht hat, so ist gegen ihn auf Strafarbeit bis zu 6 Jahren zu erkennen. Wird er eines schweren Diebstahls für schuldig befunden, so ist Strafarbeit von 1 bis zu 12 Jahren anzuwenden.

§ 232. Stiehlt jemand zum 4. Mal oder öfters, so ist, wenn der zuletzt begangene Diebstahl ein einfacher ist, Strafarbeit von 1 bis zu 10 Jahren und, wenn er ein schwerer ist, von 2 bis zu 16 Jahren oder unter besonders erschwerenden Umständen solche von lebenslänglicher Dauer in Anwendung zu bringen.

§ 233. Stiehlt ein Kind zwischen 10 und 15 Jahren, so wird es mit der Ruthe oder mit einfachem Gefängnis oder mit beidem bestraft.

§ 234. Wegnahme von Bäumen auf der Wurzel oder von Teilen solcher wird wie gewöhnlicher Diebstahl behandelt.

§ 235. Bringt es die Unbedeutendheit des weggenommenen Gegenstandes in Verbindung mit seiner sonstigen Beschaffenheit und den besondern Umständen, unter denen die Wegnahme erfolgt ist, mit sich, dafs die Handlung einen wesentlich geringern Grad von Strafwürdigkeit aufweist, als Diebstahl im allgemeinen, z. B. wenn Früchte in andern Mannes Garten oder Feld oder wenn Efswaren und Getränke zu unmittelbarem Genufs weggenommen werden, ohne dafs Umstände vorliegen, welche eine mildere Beurteilung ausschliefsen, so ist Geldstrafe bis zu 50 Rd. oder einfaches Gefängnis bis zu 1 Monat in Anwendung zu bringen.

Öffentliche Klage wird nur auf Verlangen des Bestohlenen erhoben.

§ 236. Setzt sich jemand auf ungesetzliche Weise in den Besitz von fremden Mannes Gut, ohne die Absicht zu haben, sich dasselbe zuzueignen oder dem Eigentümer dasselbe zu entziehen, sondern nur um sich desselben zu einem bestimmten Zweck zu bedienen, so wird er mit Gefängnis oder mit Bufsen bestraft. Öffentliche Klage wird nur auf Verlangen des Benachteiligten erhoben.

§ 237. Wer sich eines offenkundigen Diebstahls („Ran“) schuldig macht, wird als Dieb bestraft.

§ 238. Wer sich der Hehlerei schuldig macht, indem er ohne vorherige Verabredung sich gestohlene Gegenstände erhandelt oder auf andre Weise sie an sich bringt oder verheimlicht, wird das 1. Mal mit Gefängnis bei Wasser und Brot oder mit Besserungshausarbeit bis zu 1 Jahr bestraft; das 2. Mal mit Gefängnis bei Wasser und Brot nicht unter 5 Tagen oder mit Besserungshausarbeit bis zu 2 Jahren; das 3. Mal mit derselben Strafe nicht unter 2mal 5 Tagen oder mit Besserungshausarbeit bis zu 3 Jahren. Geschieht es noch öfter, mit Gefängnis bei Wasser und Brot nicht unter 4 mal 5 Tagen oder mit Strafarbeit bis zu 6 Jahren.

§ 239. Wer gewohnheits- oder gewerbsmäfsig sich gestohlene Sachen erhandelt oder auf andre Weise an sich bringt, wird das 1. Mal mit Gefängnis bei Wasser und Brot nicht unter 4mal 5 Tagen oder mit Strafarbeit bis zu 4 Jahren bestraft. Wird das Verbrechen wiederholt, so kann die Strafe bis auf 8 Jahre steigen.

§ 240. Macht sich jemand sonst zum Mitschuldigen eines Diebstahls, so ist er nach den Regeln im Kap. 5 dieses Gesetzes zu bestrafen und zwar so, dafs die Strafe, wenn der Schuldige schon früher ein- oder mehreremale wegen Diebstahls oder Teilnahme an solchem verurteilt worden ist, entsprechend den Strafen zu bestimmen ist, welche auf zum 2. Mal oder öfter begangenen Diebstahl angedroht sind.

Wird ein Diebstahl von jemand begangen, der früher wegen andrer Teilnahme als Hehlerei verurteilt worden ist, so kann er nicht milder bestraft werden, als wie wenn er sich wieder solcher Teilnahme schuldig gemacht hätte.

§ 241. Diejenigen Urteile, welche früher gegen jemand wegen Diebstahls oder andrer Teilnahme daran als Hehlerei ergangen sind, sind, wenn sich der Betreffende hiernach des letztgenannten Verbrechens schuldig macht, zur Schärfung der Strafe ebenso in Betracht zu ziehen, wie wenn er der Hehlerei für schuldig befunden worden wäre.

Ist jemand, der wegen Diebstahls oder Teilnahme an solchem verurteilt werden soll, früher wegen Hehlerei verurteilt, so kann er keinenfalls zu einer milderen Strafe verurteilt werden, als wenn das neue Vergehen in Hehlerei bestände.

242. Wenn jemand, der redlich in den Besitz gestohlener Gegenstände gekommen ist, solche verheimlicht, wenn sie gesucht werden, so ist er, wenn nach den Umständen angenommen werden mufs, dafs er sich dabei nur durch augenblickliche Verlegenheit oder Furcht hat bestimmen lassen, nur mit Bufsen oder einfachem Gefängnifs zu bestrafen; die Strafe kann auch ganz in Wegfall kommen, wenn er aus eignem Antrieb die gestohlenen Sachen herausgibt.

24. Kapitel.

Raub und Drohungen.

§ 243. Wer durch persönliche Gewalt oder durch Drohungen mit augenblicklicher Anwendung solcher einem andern Geld, Gut, eine Schuldurkunde oder eine andre Urkunde, welche Rechte begründet oder dem Überfallenen oder andern Verpflichtungen auferlegt oder in denen er oder andre Rechte aufgeben, wegnimmt oder abnötigt, ebenso wer solche Gewalt oder Drohung anwendet, um sich andern Mannes Eigentum zuzueignen oder um das Weggenommene in Sicherheit zu bringen, wird mit Strafarbeit von 1 bis 10 Jahren bestraft.

Hat eine bedeutende Mifshandlung stattgefunden oder hat die Handlung im übrigen einen besonders gefährlichen Charakter gehabt oder ist der Schuldige früher wegen Raubes, schweren oder wiederholten Diebstahls verurteilt worden, so kann die Strafe bis zu Zuchthausarbeit von 16 Jahren oder unter besonders erschwerenden Umständen bis zu lebenslänglicher Zuchthausarbeit steigen.

§ 244. Macht sich jemand des Seeraubs schuldig oder rüstet er ein Schiff zu diesem Zweck aus, so wird er mit lebenslänglicher Zuchthausarbeit oder nach den Umständen, namentlich wenn jemand infolge des seeräuberischen Überfalles umgekommen ist, mit dem Tode bestraft.

§ 245. Wer, ohne dafs die Handlung unter § 243 fällt, um sich oder andern einen Vorteil zu verschaffen, jemand mit einer Schädigung an Leben, Gliedern, Freiheit, Ehre oder Gut droht, wird mit Strafarbeit bis zu 6 Jahren oder unter mildernden Umständen mit Gefängnis, doch nicht unter 3monatlichem einfachem Gefängnis bestraft.

§ 246. Urteile, welche gegen jemand auf Grund der §§ 243 bis 245 ergangen sind, sollen für den Fall, dafs der Betreffende später eines Diebstahls für schuldig befunden wird, dieselbe Wirkung haben, wie wenn sie wegen Diebstahls ergangen wären.

Insbesondre sind Strafurteile wegen Teilnahme an Raub und wegen Hehlerei oder andrer Teilnahme an Diebstahl einander gleichzusetzen hinsichtlich der der Wiederholung von Verbrechen nach den §§ 238, 240 und 241 beigemessenen Wirkung.

25. Kapitel.

Widerrechtlicher Umgang mit gefundenem Gut und einige damit verwandte Verbrechen.

§ 247. Wer einen Fund verschweigt, wird mit Gefängnis bestraft. Die Strafe kann unter besonders erschwerenden Umständen, namentlich im Wiederholungsfalle bis zu Besserungshausarbeit von 2 Jahren steigen. Wenn der gefundene Gegenstand von unbedeutendem Wert ist und die Verhältnisse im übrigen zu Gunsten des

Thäters sprechen, so kann die Strafe auf Bufsen herabgesetzt werden und sogar ganz in Wegfall kommen.

§ 248. Die Bestimmungen des vorhergehenden Paragraphen finden auch Anwendung auf den, der fremden Mannes Gut verheimlicht oder es sich widerrechtlich zueignet, nachdem er auf andre Weise zufällig in den Besitz desselben gekommen ist.

§ 249. Wenn jemand Strandgut unterschlägt oder sonst unredlich mit demselben umgeht, so ist er mit Gefängnis bei Wasser und Brot oder unter mildernden Umständen mit einfachem Gefängnis oder mit Bufsen zu bestrafen; die Strafe kann jedoch unter besonders erschwerenden Umständen bis zu Strafarbeit von 4 Jahren steigen.

§ 250. Wer Leichen ausplündert, ohne dafs die Handlung nach ihrer Beschaffenheit als Diebstahl angesehen werden kann, wird mit Gefängnis oder unter erschwerenden Umständen mit Besserungshausarbeit bis zu 2 Jahren bestraft.

26. Kapitel.

Betrug.

§ 251. Wer dadurch, dafs er sich für einen andern ausgibt als er ist oder dadurch, dafs er vorgibt berechtigt zu sein im Namen eines andern zu handeln, jemand Geld oder Gut abnimmt; oder wer betrügerisch empfängt, was ein andrer auf Grund unrichtiger Kenntnis der Verhältnisse ihm zu bezahlen oder zu geben sich für verpflichtet hält; ferner wer jemand durch falsche Angaben dazu verleitet, einen Gegenstand für etwas wesentlich andres und wertvolleres zu kaufen oder auf ähnliche Weise in Empfang zu nehmen als der Wirklichkeit entspricht, sowie wer ohne die Absicht zu bezahlen Waren auf Kredit nimmt, wird mit Gefängnis bei Wasser und Brot nicht unter 5 Tagen oder mit Besserungshausarbeit bis zu 2 Jahren bestraft und es kann die Strafe unter besonders erschwerenden Umständen, wie im Wiederholungsfall, bis zu 6jähriger Strafarbeit steigen.

§ 252. Dieselbe Strafe findet Anwendung auf den, welcher, um einem andern etwas vorzuenthalten, was ihm gesetzlich zukommt, den Empfang dessen, was ihm, möge es sich um Geld oder andres handeln, zum Darlehn, zur Miete, Aufbewahrung, zum Pfand oder auf eine ähnliche Art anvertraut worden ist, in Abrede stellt; ebenso auf den, welcher ein zu einem Nachlafs gehöriges Gut unterschlägt oder eine diesem zustehende Forderung, die er anzugeben verpflichtet ist, verheimlicht oder erdichtete Forderungen bei einem Nachlafs oder bei einer andern Gelegenheit, bei der sie voraussichtlich auf Grund fehlender Kenntnis der Umstände seitens der Betreffenden durchgesetzt werden, geltend macht; ferner auf denjenigen der in betrügerischer Absicht einen andern der Mittel beraubt, eine ihm gesetzlich zustehende Forderung geltend zu machen oder sich gegen eine unrichtige Forderung zu wehren, indem er ihm Urkunden entzieht oder sie vernichtet oder unbrauchbar macht, oder Scheinverkäufe oder Scheinverpfändungen vornimmt, um seine Gläubiger der Mittel zu berauben, das zu erhalten, was ihnen zukommt.

§ 253. Insbesondere findet dieselbe Strafe auf denjenigen Anwendung, welcher in betrügerischer Absicht Gut, welches ihm leihweise, zur Miete, Aufbewahrung, Verwaltung oder als Pfand anvertraut worden ist, oder woran ein Dritter ein Recht erworben hat, welches mit dem, das durch die Handlung begründet werden soll, unvereinbar ist, veräufsert oder verpfändet oder auf andre betrügerische Weise, infolge deren das Eigentumsrecht des wahren Eigentümers verloren gehen kann, sich zueignet; ebenso auf denjenigen, welcher betrügerischerweise beschlagnahmtes Gut entfernt oder versteckt.

§ 254. Hat jemand fremdes Geld widerrechtlich für sich verwendet, so soll, vorausgesetzt, dafs der Thäter sich nicht durch Erbrechen von Siegeln oder Schlössern in die Lage gesetzt hat, dasselbe zu benutzen, und er auch nicht in betrügerischer Weise den Besitz in Abrede gestellt hat, die Verfolgung von der Entscheidung des Geschädigten abhängen, ebenso kann derselbe bis zur Erlassung des Urteils von der Fortsetzung der Verfolgung abstehen und es fällt jede strafrechtliche Verantwortung weg, wenn der Schuldige, ehe ein Urteil in erster Instanz gegen ihn ergangen ist, das widerrechtlich Verbrauchte ersetzt.

§ 255. Die Strafbestimmung des § 251 findet auch Anwendung auf den, der im Spiel Betrug verübt, sowie auf den, der durch Beschwörungen, Wahrsagen oder mit Zuhilfenahme andrer abergläubischer Künste jemand Geld oder Gut abnimmt.

§ 256. Ist ein Betrug, welcher sonst nach § 251 zu bestrafen wäre, in einem so unbedeutenden Grad oder unter so besondern Umständen verübt worden, dafs er einen wesentlich geringeren Grad von Strafwürdigkeit aufweist, als Betrug im allgemeinen, so ist als Strafe einfaches Gefängnis bis zu 2 Monaten oder unter besonders mildernden Umständen Geldstrafe bis zu 50 Rd. in Anwendung zu bringen. Von der öffentlichen Klage kann mit Einwilligung des Verletzten Umgang genommen werden.

§ 257. Betrügerische Handlungen, welche wohl mit den in den §§ 251—255 behandelten verwandt sind, aber ihnen doch nicht vollständig zur Seite gestellt werden können, werden mit Bufsen oder Gefängnis bestraft. Von der öffentlichen Klage kann mit Einwilligung des Verletzten Umgang genommen werden.

§ 258. Wer sich betrügerisch etwas von dem, was mit der Post versendet wird und seiner Obhut unterstellt ist, zueignet, wird mit Strafarbeit bis zu 8 Jahren bestraft.

§ 259. Wer sich in Bezug auf See-, Feuer- oder andre Arten von Versicherungen eines betrügerischen Verhaltens schuldig macht, wird mit Strafarbeit bis zu 6 Jahren oder mit Gefängnis bei Wasser und Brot nicht unter 2 mal 5 Tagen bestraft; hierbei ist es gleichgiltig, ob die Versicherung im Königreich oder im Ausland gezeichnet ist.

§ 260. Wenn jemand, nachdem der Konkurs über sein Vermögen eröffnet worden ist, oder zu einer Zeit, wo er den bevorstehenden Konkurs voraussehen mufste, in eigennütziger Absicht eine Handlung vornimmt, welche darauf abzielt, dafs zur Masse gehörende Bestandteile oder ausstehende Forderungen derselben nicht zu gute kommen oder dafs unrichtige Forderungen gegen dieselbe geltend gemacht werden, oder wenn jemand in der genannten Zeit in der gleichen Absicht neue Darlehen aufnimmt, so wird er mit Strafarbeit bis zu 6 Jahren oder mit Gefängnis bei Wasser und Brot nicht unter 2 mal 5 Tage bestraft.

§ 261. Wer an einem der oben genannten Zeitpunkte Handlungen vornimmt, durch welche er, ohne jedoch seinen eigenen Vorteil zu suchen, rechtswidrig einzelne Gläubiger auf Kosten andrer begünstigt, wie durch Veräufserungen gegen unverhältnismäfsig geringes Entgelt, durch Verwendung dessen, was er in Händen hat zur vorzugsweisen Bezahlung einzelner Gläubiger vor andern, wird mit Gefängnis bei Wasser und Brot oder unter mildernden Umständen mit einfachem Gefängnis, doch nicht unter 1 Monat bestraft.

§ 262. Stellt es sich heraus, dafs jemand, der verpflichtet ist, Handelsbücher zu führen und über dessen Vermögen der Konkurs eröffnet worden ist, diese Bücher verfälscht, weggeschaft oder vernichtet oder sie auf unredliche Weise geführt oder in betrügerischer Absicht sie zu führen unterlassen hat, so wird er mit Gefängnis bei Wasser und Brot oder mit Besserungshausarbeit bis zu 2 Jahren bestraft.

Hat der in Konkurs Geratene sich grobe Unordentlichkeiten hinsichtlich der Führung seiner Handelsbücher zu Schulden kommen lassen, so ist er mit einfachem Gefängnis bis zu 6 Monaten zu bestrafen.

§ 263. Stellt es sich heraus, dafs jemand, über dessen Vermögen der Konkurs eröffnet worden ist, durch verschwenderische Lebensweise, durch hohes Spielen, durch gewagte Unternehmungen oder durch sonstiges leichtsinniges Verhalten seinen Gläubigern bedeutende Verluste zugefügt hat, so ist er, wenn einer der Gläubiger einen diesbezüglichen Antrag stellt, mit Gefängnis zu bestrafen.

27. Kapitel.

Falschmünzerei, falsche Anfertigung und Verfälschung von Urkunden sowie andre Fälschung.

§ 264. Wer dänische Münzen oder die Scheine der Nationalbank nachmacht, wird mit Strafarbeit von 2—12 Jahren und wer dieselben verfälscht mit Strafarbeit von 1—6 Jahren bestraft.

Das Verbrechen ist vollendet, sobald die Münze oder der Schein verfertigt worden ist, ohne dafs es der Ausgabe bedarf.

§ 265. Wer fremde Münzen oder fremdes Papiergeld nachmacht, soll, auch wenn sie nicht zur Ausgabe hier im Reich bestimmt sind, mit Strafarbeit von 1—8 Jahren, und wer sie verfälscht, mit Strafarbeit bis zu 4 Jahren bestraft werden.

§ 266. Beteiligt sich jemand an einer Falschmünzerei, welche im Ausland unter Umständen begangen ist, dafs der Hauptthäter hier im Reiche nicht zur Verantwortung gezogen werden kann, dadurch, dafs er hier im Lande das falsche Geld ausgiebt, so ist er ebenso zu bestrafen, wie wenn er selbst der Thäter wäre.

§ 267. Gibt jemand Geld aus, von dem er weifs oder vermutet, dafs es nachgemacht oder verfälscht ist, ohne dafs jedoch sein Verhalten als Teilnahme an der Falschmünzerei selbst angesehen werden kann, so wird er mit Besserungshausarbeit bis zu 2 Jahren oder mit Gefängnis bestraft. Hat er selbst das Geld als echtes erhalten, so wird er mit Gefängnis oder Bufsen bestraft.

§ 268. Wer fälschlich den Namen eines andern unter ein Testament, einen Vertrag, einen Schuldschein, einen Transport, eine Anweisung, Kaution, Vollmacht, Quittung oder unter eine andre private Urkunde schreibt, welche Rechte begründen oder Verpflichtungen aufheben soll, wird mit Strafarbeit von 1—8 Jahren bestraft; jedoch kann die Strafe, wenn es sich um unbedeutende Werte handelt oder sonst besonders mildernde Umstände vorliegen, namentlich wenn der Thäter einem andern weder einen Schaden zugefügt, noch einen solchen beabsichtigt hat, sogar auf Gefängnis bei Wasser und Brot nicht unter 4 mal 5 Tage herabgesetzt werden.

§ 269. Ist es eine Staatsverschreibung, ein Wechsel oder ein andres derartiges zum allgemeinen Umlauf bestimmtes Papier, hinsichtlich dessen das Verbrechen begangen ist, so ist auf Strafarbeit von 1—12 Jahren zu erkennen.

Dieselbe Strafe ist anwendbar, wenn jemand auf dieselbe Weise fälschlich eine ministerielle oder obrigkeitliche Entschliefsung, eine rechtlich bedeutsame oder eine andre öffentliche Urkunde, die eine bestimmte Vorschrift oder ein bestimmtes Abkommen enthalten soll oder zu juristischem Beweise bestimmt ist, ausfertigt.

§ 270. Schreibt jemand fälschlich den Namen eines andern unter Anträge, Zeugnisse, Pässe oder andre Urkunden, welche infolge ihrer Beschaffenheit von geringerer Bedeutung als die in den §§ 268 und 269 genannten sind, so ist er mit Gefängnis bei Wasser und Brot, nicht unter 2 mal 5 Tage, oder mit Strafarbeit bis zu 4 Jahren zu bestrafen.

§ 271. Die in den §§ 268—270 vorgeschriebenen Strafen sollen jedoch, wenn die falsche Urkunde auf Grund ihrer offensichtlichen Mängel weniger gefährlich gewesen ist, herabgesetzt werden können und zwar je nach den Umständen bis auf die Hälfte.

§ 272. Wer den Namen des Königs fälscht, wird mit Strafarbeit, doch nicht unter 2 Jahren bestraft.

§ 273. Wer fälschlich eine auf den Namen eines andern ausgestellte und von ihm unterschriebene Urkunde ausfüllt oder sie siegelt, wo das zu ihrer vollen Giltigkeit erforderlich ist, wird bestraft, wie wenn er sie fälschlich unterschrieben hätte.

§ 274. Mit derselben Strafe, wie wenn er sie fälschlich unterschrieben hätte, wird insbesondere derjenige bestraft, der den Inhalt einer Urkunde verfälscht. War die Verfälschung so leicht kenntlich, dafs niemand ohne offenbare Unvorsichtigkeit dadurch getäuscht werden konnte, so kann die Strafe herabgesetzt werden und zwar je nach Umständen bis auf die Hälfte.

§ 276. Die in den §§ 268—275 genannten Verbrechen werden für vollendet angesehen, sobald der Fälscher von der Urkunde Gebrauch gemacht oder sich derselben zur Benützung durch einen andern entäufsert hat, ohne Rücksicht darauf, ob jemand getäuscht worden ist.

§ 277. Wer in betrügerischer Absicht falsches Gewicht oder falsche Mefswerkzeuge verfertigt oder richtiges Gewicht und richtige Mefswerkzeuge verändert, sowie wer derartig falsche oder verfälschte Werkzeuge benutzt, um andre zu betrügen, wird mit Gefängnis bei Wasser und Brot nicht unter 5 Tagen oder mit Besserungshausarbeit bis zu 2 Jahren bestraft. Unter besonders erschwerenden Umständen wie im Wiederholungsfall kann die Strafe auf Strafarbeit von 6 Jahren steigen. Wer bei seinem Gewerbe Gewicht oder Mafs verwendet, welches nicht gesetzlich gezeichnet ist oder das durch den Gebrauch oder die Zeit verändert worden ist, wird das erste Mal mit Bufsen bis zu 100 Rd. und im Wiederholungsfall mit höheren Bufsen oder mit Gefängnis bestraft.

§ 278. Mit der im ersten Absatz des vorhergehenden Paragraphen vorgeschriebenen Strafe wird insbesondere auch derjenige bestraft, welcher Waren verfälscht oder fälschlich Waren oder andre Gegenstände mit öffentlichen Stempeln oder Zeichen versieht, welche für die Echtheit oder Güte derselben bürgen sollen, oder welcher sich betrügerisch einen derartigen Stempel oder ein derartiges Zeichen für Gegenstände verschafft, deren Beschaffenheit nicht die Berechtigung dazu gibt; desgleichen derjenige, welcher unbefugt ein Zeichen oder einen Stempel eines andern auf Waren anbringt, welche von einer wesentlich geringeren Beschaffenheit sind, als der Stempel oder das Zeichen andeuten.

Haben die Waren, auf denen ein Zeichen oder ein Stempel eines andern unbefugt angebracht worden ist, keine wesentlich geringere Beschaffenheit, so ist die in § 277 Abs. 2 festgesetzte Strafe anzuwenden, wobei Anklage nur erhoben wird, sofern ein durch die Handlung Verletzter es verlangt. Ferner findet die ebengenannte Strafbestimmung auch Anwendung hinsichtlich unbedeutenderer im Kleinhandel vorkommender Warenverfälschungen, durch die nur unbedeutende Verluste zugefügt werden.

§ 279. Wer in betrügerischer Absicht Grenzsteine oder ein andres Zeichen zur Angabe der verschiedenen Eigentumsgrenzen oder

der damit verbundenen Rechte, versetzt, setzt oder wegnimmt, ist ebenfalls nach § 277, Abs. 1 zu bestrafen.

28. Kapitel.
Brandstiftung.

§ 280. Legt jemand Feuer an ein Haus oder an ein Schiff, gleichgiltig ob es sein eigenes oder ein fremdes ist, unter Umständen, aus denen er schliefsen mufste, dafs dadurch das Leben andrer offenbarer Gefahr ausgesetzt werde, oder geschieht es, um Aufruhr, Plünderung oder eine andre Störung der Gesellschaftsordnung zu befördern oder um eine ausgedehnte Verwüstung anzurichten, so wird der Schuldige mit Zuchthausarbeit nicht unter 8 Jahren bestraft; jedoch kann die Strafe, wenn jemand beim Brande umkommt, auf Todesstrafe steigen.

§ 281. Legt jemand sonst Feuer an ein Haus oder an ein Schiff eines andern, so wird er mit Strafarbeit von 2—12 Jahren bestraft.

Der gleichen Strafe unterliegt derjenige, welcher, um die Feuerversicherung zu betrügen, oder in andrer rechtswidriger Absicht Feuer an sein eignes Haus oder Schiff oder an ein Haus oder Schiff eines andern auf dessen Verlangen oder mit dessen Einwilligung legt; jedoch kann die Strafe in diesen Fällen unter mildernden Umständen, namentlich wenn das Haus abseits gelegen und von andern nicht bewohnt ist, auf 1 Jahr Strafarbeit herabgesetzt werden.

Als ein Haus sind nicht blofs die ganz oder teilweise bewohnten oder zur Bewohnung eingerichteten Gebäude mit den dazu gehörenden Nebengebäuden anzusehen, sondern auch Kirchen, Mühlen, Fabriken, Magazine und alle andern Gebäude, die denselben gleichzustellen sind.

§ 282. Hat die Brandstiftung an Wäldern, Torfmooren, Heiden oder Äckern, an Balken oder Holzvorräten, an Korn oder Heuhaufen, an Hütten oder Schuppen stattgefunden, so wird der Schuldige mit Strafarbeit bis zu 8 Jahren bestraft; jedoch kann die Strafe, wenn der Gegenstand von besonders geringer Bedeutung ist und im übrigen mildernde Umstände vorliegen, auf Gefängnis bei Wasser und Brot nicht unter 2 mal 5 Tage herabgesetzt werden. Hat die Brandstiftung unter solchen Umständen stattgefunden, dafs der Thäter einsehen mufste, dafs das Leben andrer dadurch einer offenbaren Gefahr ausgesetzt werde, oder geschah sie, um ein Unglück oder eine Verwüstung der im § 280 bezeichneten Art herbeizuführen, so findet die Strafbestimmung dieses Paragraphen Anwendung.

§ 283. Die in den §§ 280—282 behandelten Verbrechen werden als vollendet angesehen, sobald Feuer in dem Gegenstand entstanden ist, dessen Inbrandsetzung das Verbrechen ausmacht, ohne Rücksicht darauf, ob das Feuer mehr oder weniger um sich gegriffen hat.

§ 284. Wer mit Beiseitesetzung der gewöhnlichen Vorsicht einen Brand verursacht, wird mit Gefängnis bestraft, welche Strafe jedoch in Wegfall kommt, wenn er den Schaden ersetzt.

29. Kapitel.

Handlungen, durch welche Schiffbruch, Überschwemmung oder andre grössere Unglücksfälle verursacht werden können.

§ 285. Wer in der Absicht, Seefahrende irrezuleiten oder ihnen zu schaden, ein Feuerzeichen, eine Seelaterne oder ein andres zur Orientierung Seefahrender angebrachtes Zeichen oder Merkmal vernichtet, wegschafft oder beschädigt, ein Feuerzeichen oder eine Seelaterne auslöscht, ein falsches Zeichen oder Merkmal anbringt oder das richtige Fahrwasser in See oder Strom durch Auffüllung oder durch Anbringung andrer Hindernisse stört, wird mit Strafarbeit nicht unter 4 Jahren bestraft.

Wird eine der obengenannten Handlungen ohne die genannte Absicht, aber doch vorsätzlich begangen, so ist der Schuldige mit Gefängnis oder unter erschwerenden Umständen mit Besserungshausarbeit bis zu 2 Jahren zu bestrafen.

§ 286. Verursacht jemand Schiffbruch oder andern Seeschaden unter solchen Umständen, dafs dadurch Menschenleben offenbarer Gefahr ausgesetzt werden, so wird er mit Zuchthausarbeit nicht unter 8 Jahren bestraft; jedoch kann die Strafe, wenn jemand dabei ums Leben kommt, auf Todesstrafe steigen. Geschieht es unter andern Umständen, so ist ein geringerer Grad von Strafarbeit anzuwenden.

§ 287. Wer, um eine Überschwemmung herbeizuführen, Wasserleitungen vernichtet oder beschädigt oder Kanäle, Dämme, Schleusen oder andre derartige Wasserbauten öffnet, wird mit Strafarbeit bis zu 8 Jahren bestraft, jedoch kann die Strafe, wenn ein bedeutender Schaden verursacht wird, höher steigen und es kann, wenn dabei jemand umkommt, sogar Todesstrafe eintreten.

Geschieht es vorsätzlich, aber ohne die Absicht eine Überschwemmung herbeizuführen, so wird der Thäter mit Gefängnis oder unter erschwerenden Umständen mit Besserungshausarbeit bis zu 2 Jahren bestraft.

§ 288. Wer vorsätzlich eine Eisenbahnanlage, Beförderungsmittel oder sonstiges Zubehör derselben beschädigt, etwas auf die Fahrbahn hinlegt oder hinwirft, die Schienen verrückt, Signale nachahmt, unbefugt Dampf- oder andre Fahrzeuge derselben in Bewegung setzt oder im übrigen Handlungen vornimmt, durch welche der Transport auf der Bahn einer Gefahr ausgesetzt wird, wird mit Strafarbeit bis zu 8 Jahren bestraft, jedoch kann die Strafe, wenn ein bedeutender Schaden verursacht wird, höher steigen und es kann, wenn jemand dabei umkommt, sogar Todesstrafe eintreten.

Wenn die Handlung nach ihrer Beschaffenheit nicht dazu geeignet war, den Transport in eine wirkliche Gefahr zu bringen, oder doch angenommen werden mufs, dafs der Thäter daran weder gedacht noch es beabsichtigt hat, so ist der Schuldige mit Gefängnis oder unter besonders erschwerenden Umständen mit Besserungshausarbeit bis zu 1 Jahr zu bestrafen, soweit nicht nach einer andern Strafbestimmung eine höhere Strafe verwirkt ist.

§ 289. Wird eine der in den §§ 285—288 bezeichneten Handlungen fahrlässig vorgenommen, so ist Gefängnis oder Geldstrafe anzuwenden.

§ 290. Verwendet jemand giftige oder andre gefährliche Stoffe für Waren, welche zum Handel oder zur Benutzung durch andre bestimmt sind, auf eine Weise, dafs durch den Gebrauch derselben die Gesundheit andrer einer Gefahr ausgesetzt wird, so wird er, soweit nicht nach einer andern Strafbestimmung eine höhere Strafe verwirkt ist, mit Gefängnis, oder unter erschwerenden Umständen, namentlich wenn jemand dabei zu Schaden oder sogar umgekommen ist, mit Besserungshausarbeit bestraft.

Derselben Strafe unterliegt, wer Waren feilhält, von denen er weifs, dafs derartige Stoffe auf die angeführte Art dazu verwendet worden sind.

Werden solche Handlungen fahrlässig vorgenommen, so sind Geldstrafen anzuwenden.

§ 291. Wer mit Übertretung der erlassenen gesetzlichen Bestimmungen oder der von der Obrigkeit zur Verhütung ansteckender Krankheiten oder deren Ausbreitung angeordneten Verhaltungsmafsregeln, Ansteckung durch die Krankheit oder eine weitere Ausbreitung derselben verursacht, wird mit Gefängnis oder unter erschwerenden Umständen mit Besserungshausarbeit bis zu 2 Jahren bestraft.

§ 292. Stellt es sich heraus, dafs jemand vorsätzlich ansteckende Krankheiten unter den Haustieren verbreitet, so ist er mit Strafarbeit bis zu 8 Jahren zu bestrafen.

Wer mit Übertretung der erlassenen gesetzlichen Bestimmungen oder der von der Obrigkeit zur Verhütung der Verbreitung ansteckender Krankheiten unter den Haustieren angeordneten Verhaltungsmafsregeln Anlafs zur weiteren Ausbreitung einer derartigen Krankheit gibt, wird mit Gefängnis oder mit Bufsen nicht unter 20 Rd. bestraft.

§ 293. Wer vorsätzlich Brücken, Fähreneinrichtungen, Brunnen, Wasserleitungen, Vertäuungswerkzeuge oder wer Zeichen, Geländer oder andre Vorkehrungen, welche auf Wegen, Strafsen oder dem allgemeinen Zutritt geöffneten Orten zur Verhütung von Gefahren oder zur Warnung vor denselben getroffen sind, wegnimmt, vernichtet oder beschädigt, wird mit Gefängnis oder mit Bufsen bestraft.

30. Kapitel.

Zerstörung oder Beschädigung fremden Eigentums sowie Tierquälerei.

§ 294. Wer vorsätzlich öffentliche Denkmäler oder Sachen, welche zum allgemeinen Nutzen bestimmt sind, wie Baumanlagen, Einzäunungen, Laternen zur Beleuchtung von Strafsen und Wegen, Wegweiser oder Meilensteine wegnimmt, zerstört oder beschädigt, wird mit Bufsen oder Gefängnis bestraft.

§ 295. Wer vorsätzlich einen elektrischen Telegraph oder die dazu gehörenden Apparate entweder beschädigt oder im übrigen eine Handlung vornimmt, durch welche die Telegraphenleitung abgebrochen oder geschwächt oder die Benutzung der Apparate verhindert wird, wird mit Gefängnis oder unter mildernden Umständen mit Bufsen, doch nicht unter 50 Rd. bestraft, sofern nach der Beschaffenheit der Handlung keine höhere Strafe verwirkt ist. Geschieht es fahrlässig, so werden Bufsen bis zu 100 Rd. oder einfaches Gefängnis bis zu 1 Monat angewendet; jedoch kann die Strafe in Wegfall kommen, wenn der Thäter unverzüglich das Geschehene der nächsten Polizeibehörde oder einem der beim Strafsen- oder Telegraphenwesen angestellten Beamten oder Bediensteten anzeigt.

§ 296. Zerstört oder beschädigt jemand sonst fremdes Eigentum, so ist er, sofern keine strengere Strafbestimmung Anwendung findet, mit Bufsen oder mit Gefängnis zu bestrafen.

Öffentliche Anklage wird nur erhoben, wenn die Handlung eine Störung des öffentlichen Friedens mit sich geführt hat oder mit einer Übertretung von Polizeivorschriften verbunden gewesen ist.

§ 297. Wer sich einer rohen Mifshandlung oder einer andern grausamen und empörenden Behandlung von Tieren, namentlich von Haustieren schuldig macht, ist mit Bufsen bis zu 200 Rd. oder mit einfachem Gefängnis bis zu 4 Monaten zu bestrafen.

31. Kapitel.

Die Verfolgung von Verbrechen, Vorbeugungszwang, Schadensersatz u. a.

§ 298. Die in diesem Gesetz behandelten strafbaren Handlungen sind, soweit nichts andres ausdrücklich bestimmt ist, Gegenstand öffentlicher Anklage.

§ 299. Bedroht jemand einen andern oder droht er ihm insbesondre mit Brandlegung oder Zufügung andern Unheils, so ist es, soweit eine derartige Bedrohung oder Drohung nicht unter eine andre der in diesem Gesetz enthaltenen Strafbestimmungen fällt, auf Verlangen des Bedrohten zufolge obrigkeitlicher Veranlassung von den Gerichten zu entscheiden, ob der Thäter aus diesem Anlasse Sicherheit und welche leisten oder in Ermangelung dessen auf Staatskosten in Haft genommen werden soll. Ist jemand auf diese Weise zur Stellung einer Sicherheit verurteilt worden und glaubt er später auf Grund veränderter Verhältnisse davon befreit werden zu sollen, so ist die Entscheidung hierüber in öffentlichem Verfahren von demselben Gericht zu erlassen, soweit nicht der Bedrohte vor dem Bürgermeister („Foged“) erklärt, dafs er mit der Erlassung der Sicherheitsleistung einverstanden ist.

§ 300. Ein jeder, der sich einer strafbaren Handlung schuldig gemacht hat, ist verpflichtet, dem Schadenleidenden Ersatz zu leisten.

§ 301. Wer einem andern vorsätzlich oder aus Mangel an gebührender Aufmerksamkeit eine Körperverletzung zugefügt hat, ist diesem zum Ersatz der Heilungskosten und des entgangenen Erwerbs verpflichtet. Ferner kann derselbe noch dazu verurteilt werden, dem Beschädigten eine vom Gericht festzusetzende Vergütung für die verursachten Schmerzen zu leisten, sowie für die Beschwerden, Gebrechen und die Entstellung, welche etwa aus dem zugefügten Schaden fliefsen mögen.

§ 302. Ebenso kann derjenige, welcher auf eine strafbare Weise den Tod eines andern verursacht hat, auf Antrag dazu verurteilt werden, dem Ehegatten oder den Kindern des Getöteten Ersatz für den Verlust ihres Ernährers zu leisten. Dies geschieht entweder durch einmalige Zahlung einer Geldsumme oder durch Zahlung fortlaufender Ernährungsbeiträge für einen bestimmten Zeitraum.

§ 303. Desgleichen kann derjenige, welcher sich einer Beleidigung oder einer der in den §§ 166—175 cfr. 176 Kap. 16 dieses Gesetzes behandelten Verbrechen schuldig gemacht hat, nach Umständen dazu gezwungen werden, dem Beleidigten eine angemessene Entschädigung für die dadurch verursachte Vernichtung oder Erschütterung seiner Stellung oder Verhältnisse zu zahlen.

§ 304. Wer Gewalt gegen seine Eltern oder Verwandten in aufsteigender Linie übt, verwirkt sein Erbrecht dem Vergewaltigten gegenüber, wenn dieser es nicht ausdrücklich für seinen Willen erklärt, dafs das Erbrechtsverhältnis nichts destoweniger unverändert ortbestehen soll.

Stellt es sich heraus, dafs jemand sich der in den §§ 215 u. 216 Kap. 21 dieses Gesetzes behandelten groben Beleidigungen gegen solche Verwandte schuldig gemacht hat, so wird er ebenfalls auf Verlangen dazu zu verurteilen sein, sein Erbrecht gegenüber dem Betreffenden verwirkt zu haben.

In beiden Fällen kann jedoch das verwirkte Erbrecht ganz oder teilweise später dem Schuldigen durch testamentarische Bestimmung zurückgegeben werden.

32. Kapitel.

Inkrafttreten des Gesetzes, Übergangsbestimmungen sowie Aufhebung älterer Bestimmungen.

§ 305. Dieses Gesetz tritt in Kraft am 1. Juli 1866.

§ 306. Ist eine strafbare Handlung begangen, aber vor der im § 305 genannten Zeit eine endgiltige Entscheidung in der Sache noch nicht getroffen worden, so ist die Strafe nach dem vorliegenden Gesetze festzusetzen, sofern sie hiernach milder wird als nach der älteren Gesetzgebung.

§ 307. Wer nach der älteren Gesetzgebung wegen einer strafbaren Handlung, für welche das vorliegende Gesetz im Wiederholungsfall eine erhöhte Strafe vorschreibt, zu einer Strafe verurteilt worden ist und abermals der gleichen strafbaren Handlung für schuldig befunden wird, ist zu behandeln, wie wenn das frühere Urteil nach dem vorliegenden Gesetz ergangen wäre.

§ 308. Von der im § 305 genannten Zeit fallen, soweit dies früher noch nicht geschehen ist, folgende Bestimmungen in König Christian V. danske Lov weg, nämlich:

(Folgt in 3 weiteren Paragraphen eine Aufzählung der älteren aufgehobenen gesetzlichen Bestimmungen.)

Gesetz über die Behandlung einiger im Allgemeinen Bürgerlichen Strafgesetzbuch enthaltenen strafbaren Handlungen.

Die in den §§ 199, 235, 256, 257, 277 Abs. 2 und 278 Abs. 2 enthaltenen strafbaren Handlungen sind bis auf weiteres als öffentliche Polizeisachen zu behandeln.

Gesetz vom 11. Mai 1897 über Gewalt gegen schuldlose Personen.

§ 1. Gewalt, welche gegen schuldlose Personen, d. h. gegen solche verübt wird, welche nichts gethan haben, was begründeten Anlafs zu der Gewaltshandlung hätte geben können, soll, selbst wenn sie weder eine Wunde noch andern Schaden (§ 200 des Allg. Bürgerl. Strafgesetzbuchs) verursacht hat, Gegenstand öffentlicher Anklage sein, wenn sie eine Verletzung des öffentlichen Friedens herbeigeführt hat oder mit einer Übertretung von Polizeivorschriften verbunden gewesen ist, oder wenn der Thäter in die Wohnung des Überfallenen, in sein Eigentum oder in eine andre Stätte, an der letzterer in seiner Thätigkeit gesetzlichen Schutz geniefst, eingedrungen ist oder sich geweigert hat, diese Örtlichkeiten zu verlassen.

Die Sache ist in diesen Fällen als öffentliche Polizeisache zu behandeln, deren weitere Verfolgung jedoch auf Antrag des Verletzten unterbleibt.

§ 2. Verübt jemand unter den im § 1 genannten Umständen Gewalt gegen schuldlose Personen, ohne dafs dieselbe jedoch eine Wunde oder andern Schaden verursacht, so kann, wenn seine Handlung einen Hang zu rohem und gewaltthätigen Benehmen erkennen läfst und er schon früher wegen verübter Gewalt mit einer strengern Strafe als mit Bufsen bestraft worden ist, auf Strafarbeit bis zu 6 Monaten anstatt auf Bufsen oder Gefängnis gegen ihn erkannt werden. Bei Festsetzung der Dauer der Zwangsarbeit ist besonders darauf Rücksicht zu nehmen, ob die Gewalt von mehreren gemeinschaftlich verübt worden ist.

Die hinsichtlich der Erledigung von öffentlichen Polizeisachen ohne Urteil geltenden Regeln finden keine Anwendung auf Fälle von Gewaltshandlungen der in diesem Paragraphen bezeichneten Art.

§ 3. Wird Gewalt, welche unter die §§ 201—203 des Allgem. Bürgerl. Strafgesetzbuchs fällt, gegen schuldlose Personen verübt, so kann gegen den Schuldigen gleichfalls auf Zwangsarbeit bis zu 6 Monaten erkannt werden, wenn sonst Gefängnis oder Bufsen zur Anwendung kämen. Hierbei sind die im § 2 angegebenen Regeln zu beobachten.

„Wonach gebührend zu achten."

Druck von Leonhard Simion, Berlin SW.

FSC
www.fsc.org
MIX
Papier | Fördert gute Waldnutzung
FSC® C083411

Kolibri 360 GmbH
Ferdinand-Jühlke-Straße 7
99095 Erfurt, Deutschland
produktsicherheit@kolibri360.de